読書が苦手だった司書が教える

世界一かんたんな図書館の使い方

つのだ由美こ

Yumiko Tsunoda

はじめに
～ピンチをチャンスに。チャレンジを成功に。図書館は人生を変えるパワースポット

図書館で働いている私が言うのもなんですが、図書館はあまり人気がありません。地域によっては街の公共図書館を訪れる人は年々減っており、本を借りる量も少なくなっています。

私が仕事をしている大学図書館も似たようなものです。これまで4つの大学を渡り歩いてきましたが、唯一図書館が注目を浴びるのは、高校生が見学に来るオープンキャンパスのときぐらいです。

以前勤めていた大学は田舎だったので、夜や土曜日の午前中は学生が誰も来ないことも当たり前でした。来てくれるのは近所に住む勉強熱心な大人ばかりで、家の畑で収穫した野菜をくれる親切な方もいました（ありがたい）。

とはいえ、こんな残念な状況を図書館も放っておくわけにはいきません。

その田舎の大学で働いているとき、司書（図書館で働く人のこと）が集まって学生を図書館に呼ぶための対策会議を開きました。

ついに私が話す番が回ってきて、自信満々にとっておきの提案をしたのです。

「図書館に行くと運気が上がるらしい、っていう噂を学生のあいだに流すのはどうかな？　図書館で本を借りたら金運がアップするとか、図書館に置いてある銅像の頭を撫でたら頭がよくなるとか。だって、神社のパワースポットはめっちゃ流行《はや》ってるし」

……速攻で却下されました。

真面目な話、図書館がパワースポットだというのは、あながち嘘ではありません。理由は2つあります。

【理由①　「図書館」という言葉は縁起がいい】

そもそも「図書」なんて、図書館でしか使っていない時代遅れの言葉だと思いませんか？　最近では図書館を情報館やメディアセンターと改名するところもあるほどです。

そんな消えゆく図書という言葉の由来が、じつは縁起がいいのです。

図書の語源は、古代中国の伝説の書「河図洛書《かとらくしょ》」です。伝説によると、河図は龍神の背に描かれた絵図、洛書は神亀《じんき》の甲羅《こうら》に書かれた文字のこと。皇帝がよい政治をすると、龍神と神亀が川から現れて、龍神は図を神亀は書を皇帝に授けたのです。

河図洛書の正体は研究者によって意見が分かれますが、宇宙の法則を記した魔法陣、帝王学の書物『易経《えききょう》』、地図だと言われています。要するに、国を治めるために必要な情報だということですね。

図と書、つまり図書館は龍神と神亀のいる館。龍神も神亀も水の神様であり、金運、出世運、縁結びにご利益があるシンボルです。

どうでしょう？　何だか運がよくなりそうな気がしませんか。

【理由②　図書館を使うと人生がよい方向に変わる】

冒頭に図書館は人気がないと言いましたが、もちろん来てくれる学生もいます。図書館は真面目な学生のための場所と思われがちですが、実際はそうでもありません。

むしろ、成績が危機的状況の大ピンチにおちいっている学生が、しょっちゅう駆け込んできます。かつて、授業をサボりがちで単位を落としそうなのに、大事なレポートの締め切り寸前にあわてて図書館に来た学生がいました。

本を借りたくても、まず図書館に入ったのが初めてで何もわかりません。困った様子だったので私から声をかけ、一緒に必要な本を探し、図書館の使い方を教えました。
そんな彼が卒業するころには、学術論文を自分で調べてほかの大学から資料を取り寄せ、卒論を余裕で書き上げるほどに変化したのです。無事に就職も決まりました。

ほかにも、こんな学生がいます。

- **資格試験に合格した**
- **夢だった職業に就職できた**
- **友だちができた**
- **無事に卒業できた**
- **前より本を読めるようになった**

図書館を使うことで、人生は変わります。
ピンチをチャンスに、チャレンジを成功に導く場所です。

そう断言できるのは、大学教授でも研究者でも有名人でもない司書の私が、今こうして本を出せたのは図書館のおかげだからです。改めて図書館の持つ強力なパワーを実感しています。

だからと言って「毎日図書館に行きましょう！」「本を毎日たくさん読みましょう！」なんて、堅苦しいことは言わないので安心してください。

私は司書なのに本を読むのが大の苦手です。だから同じような悩みを持つ人、図書館に行かない人の気持ちはよくわかります。

「いざというとき、必要な分だけ」図書館は使えれば十分です。

この本を読むだけで、図書館の使い方がわかります。

読み終えた後に「とりあえず近所の図書館で利用者カードを作ってみようかな」と思っていただければ嬉しいです。

皆様にとって、図書館がパワースポットになりますように。

もくじ

第2章 正しい情報をどう手元に引き寄せるか

第3章　自分に合った本を手に入れよう

第1章

スパイは図書館にいる

～自分に必要な情報はどこにある？

公開情報に価値はない？ スパイの情報源は公開情報が9割

スパイの秘密

「スパイ」と聞いて、どんなイメージが浮かびますか？

『007』や『ミッション：インポッシブル』シリーズ、とくに最近は『SPY×FAMILY』が大人気ですね。小学生のあいだでもスパイの本がはやっていて、モールス信号や暗号の専門的な本を借りて読む子もいるそうです。

現実のスパイも、映画のように変装して敵の基地に侵入したり、銃撃戦をくぐり抜けたりして貴重な情報を取ってくるのでしょうか？

夢を壊すようで申し訳ないのですが、違います。

本物のスパイが手に入れる情報の9割が、じつは一般公開されているものです。

つまり、全然秘密ではありません。敵の基地に侵入しなくてもいいし、高層ビルからジャンプしなくても大丈夫。誰でも購入できて、合法的に手に入れられます。

具体的には本、雑誌、新聞、テレビ、ラジオ、ＳＮＳなどです。このような情報を「公開情報（オープンソース）」といいます。意外ですよね。

狙われた天気予報

スパイが、そんな普通の情報で大丈夫でしょうか？

じつは、当たり前の情報こそ当たり前のものではない、貴重なものだったりします。

たとえば天気予報。日本はある日から突然、約４年間も天気予報が消えた時期がありました。太平洋戦争のときです。１９４１年の真珠湾攻撃（12月８日）の翌日から、気象情報は重要な軍事機密になり、観測データは暗号化されました。

国民向けの天気予報は、ラジオも新聞もすべて中止。気象台の関係者は、天気を表す言葉を口にするのも禁止でした。台風の進路も大地震の被害も知らされませんでした。

気象は軍事に関わる重要な情報です。とくに日本は防壁のように海に囲まれた「シーパワー」を持つ国。敵対する空母は海上にありますが、天候が悪いと戦闘機を飛ばせません。波、風、霧、気圧の状態を正しく判断することが勝敗を決めます。

気象は国によって独特な特徴があるので、住んでみなければわからない面もあります。たとえば、海外の旅行客が初めて日本の梅雨を体験したとき、予想以上の湿度に驚いて体調を崩したりします。敵国のスパイも予測の精度を上げるために、国内の天気予報をキャッチしようとしていたのです。

神と呼ばれたスパイは新聞を読む

『SPY × FAMILY』には、凄腕スパイのロイド・フォージャーが登場します。

じつは日本にも本物の凄腕スパイ、しかも諜報の神様と呼ばれ、他国から恐れられていた人物がいたのを知っていますか？

陸軍軍人で情報将校の小野寺信《おのでらまこと》です。中立国のスウェーデン公使館に滞在し、豊富な人脈と高度な語学を駆使して、秘密情報を次々と手に入れていました。

彼の能力の高さを警戒したイギリスの情報機関ＭＩ５は監視を続け、日本人の軍人で唯一、調査ファイルを作成しなければならないほどの凄腕スパイでした。

そんな彼が情報を入手した方法は、なんと新聞と雑誌をていねいに読み込むこと。スウェーデンの地元新聞や「ニューヨーク・タイムズ」などのアメリカの一般的な新聞・雑誌、航空機の専門誌を読んで、アメリカの技術力や他国の動きを探っていました。

その結果わかったのは、アメリカが原爆を開発していることでした。調査に協力していた民間企業の社員と一緒に集めた新聞記事の中で、アメリカが３０００トンのサイクロトロンという装置を輸入したことを見つけ、兵器を製造していると察知したのです。

当然この重大な事実は、日本の参謀本部にも報告されましたが、結局もみ消されてしまい、貴重な情報が活かされることはありませんでした。

『SPY × FAMILY』の中でも、ロイドが新聞を読んでいる印象的なシーンがあります。本物の凄腕スパイも、同じように新聞を読んでいたのは面白いですね。

あなたにもスパイ技術が必要になる時代

このように、新聞や雑誌などの公開情報を集めて、分析するスパイ技術を「オシント（オープンソースインテリジェンス）」といいます。インテリジェンスとは情報という意味です。情報を表す英語ではインフォメーションがありますが、少し意味が違います。

インフォメーションは素材です。天気予報でたとえると、気象台で集めた雨量や風速などの観測データです。集めた数値だけでは、天気の変化をうまく伝えられません。わかりやすくするためには、その数値を使って過去と比較したり、地図上に当てはめたり、太陽や雨のマークで表します。まさに私たちがいつも見ている天気予報ですが、それを見て外出するか、しないかを判断するプロセスまでがインテリジェンスです。

情報の素材を集めて、正しいかどうか、どんな意味があるのかを分析して、目的のために活かす。情報はただ集めるだけでは、あまり意味がありません。

むしろ意識して集めなくても、スマホさえあれば情報が勝手に入ってくる時代。そんな誰でも手に入る情報は一見価値がないように見えます。でも実際はそうではなくて、価値を与えられるかどうかは自分次第なのです。

現在では戦争に限らず、ビジネスや勉強の場面でも、当たり前の情報から、ほかの人が気づかない変化の兆しやチャンスを見抜く能力が求められています。今まではスパイの専門技術だった〝情報を集めて・分析する作業〟を、一般人の私たちがしなければいけない時代になったのです。

重要なことは、他人が知らない情報を探すことではない

公開情報の宝庫・図書館

スパイが情報を集めている場所（情報源）の９割は、本や新聞などの公開情報です。

ではいったい、どこで手に入れているのでしょうか？

答えは図書館です。

太平洋戦争が始まったころ、日本もアメリカも急いでお互いの情報を集めなければいけませんでした。もちろん今のようにAmazonで注文することもできません。一刻も早く大量の情報を集める必要があるのに、入手できるルートがなくて困っていました。

そんな国のピンチを救ったのが図書館でした。図書館では世界の情勢に関係なく、普段から本や雑誌を集めています。スパイが大事にしている公開情報の宝庫なのです。

日本はアメリカを、アメリカは日本の行動を探るために、お互い国中の図書館から相手国に関する本をかき集めました。内容は地図のほか、歴史、文化、宗教、政治、気候、経済、産業、法律、科学、鉄道、発電、教育など幅広いジャンルの本や雑誌です。

とくにアメリカでは、軍人とスパイに日本語教育をしていたので、彼らは図書館にもって日本語で書かれた資料を直接読むことができました。

三重大学で忍者の研究をしている山田雄司《やまだゆうじ》先生によると、世界最大の図書館・米国議会図書館には忍者の古文書があり、日本国内では手に入らない珍しいものまで所蔵しているそうです。じつは、日本の情報を集めていた中心的な図書館が、まさに米国議会図書館だったのです。忍者の史料まで集めているなんて驚きですよね。

司書はスパイだった？

もちろん、司書も無関係では済みません。司書は情報を集めるプロなので注目されるのは当然の流れでした。日本の場合は、英語が得意でアメリカの図書館でも働いた経験のある司書が、外務省に配属されました。

主な仕事は、アメリカの新聞や雑誌の記事から情報を集めて報告すること。子ども向けの雑誌にあった戦車のイラストも切り取っていました。そのイラストが新型戦車の可能性があるからです。前項で紹介した凄腕スパイとまったく同じ方法ですね。司書の集めた情報は、外務省の電報で関係者に伝えられ、戦略を立てるのに利用されました。

アメリカの司書も、同様に情報を集めて分析する仕事をしていました。日本と違うのは、暗号解読にも司書が選ばれたことです。アメリカで暗号解読をする人は約２万人、その内１万１０００人が女性で全国から集まった司書が多く含まれていました。彼女たちの役割は暗号の解読と、暗号を突破するために必要な資料を集めて整理すること。

最近まで、暗号解読に1万人以上の女性が関わっていたことは、世間に知られてきませんでした。知られるきっかけになったのは、アメリカで20万部を超えるベストセラー『コード・ガールズ　日独の暗号を解き明かした女性たち』（ライザ・マンディ、みすず書房）です。興味がある方はぜひ読んでみてください。

第三の刀狩りと地政学

岡山県瀬戸内市長船《おさふね》にある備前《びぜん》長船刀剣博物館を知っていますか？

長船は鎌倉時代から現在まで続く刀剣の産地で、今はゲームの『刀剣乱舞《とうけんらんぶ》』で大人気スポットになっています。私は金属工芸が好きで行ってみたのですが、そのときは赤羽《あかばね》刀《とう》の展示がされていました。

刀狩りといえば豊臣秀吉か、明治時代の廃刀令を学校で習うと思いますが、歴史上もう一つ刀狩りがありました。終戦後にGHQ（連合国軍最高司令官総司令部）が、日本の武装解除のために一般市民から刀を回収したのです。

回収された刀は100万本とも300万本とも言われ、アメリカへ持ち帰られたり、溶かされて機関車の車輪にされたり、海に捨てられてしまいました。幸いにも残された刀の内、美術品的価値のある刀を赤羽刀といいます。

刀剣博物館によると、刀狩りは全国一斉におこなわれたものの、とくに一部の地域に対しては徹底的に捜索したそうです。屋根裏から床下、納屋の錆びた刀から伝家の宝刀まで、とにかく念入りにおこなわれました。

対象になったのは、長船のような刀剣の里や奈良などです。

なぜ奈良？

奈良といえば鹿がのんびり歩いていて、刀とは縁がなさそうな感じですが、思い当たる場所が1つあります。奈良県の最南端、熊野古道や玉置《たまき》神社がある十津川村《とつかわむら》です。

十津川は東京23区や琵琶湖よりも面積がある日本一大きな村です。そこに十津川郷士と呼ばれる人たちが住んでいます。十津川郷士は古来、壬申の乱や保元の乱、南北朝の戦い、大坂の陣などに参加、幕末には京都御所の警護をしました。

立命館大学日本史研究の山崎有恒《やまざきゆうこう》先生の話では、新選組では隊士たちに「十津川郷士と戦うときだけは、相手の4倍の人数で取り囲め。1対1では絶対に戦うな。見かけたら逃げろ」と号令を出しました。一方で坂本龍馬とは仲がよく、京都の近江屋《おうみや》で暗殺されたとき、刺客が「十津川郷の者」と名乗って油断させて侵入した話が有名です。

司馬遼太郎が十津川を「兵力の貯蔵地」と呼ぶように、村では刀と槍《やり》を持っている家が多く、じつは私も子孫なので、十津川の家には刀や槍や甲冑《かっちゅう》が納められた武器庫がありました。

GHQは闇雲《やみくも》に刀狩りをしたのではなく、地域の歴史をちゃんと調べた上でおこなっていたと刀剣博物館は説明しています。

その陰には、司書が集めた情報もあったのでしょう。

刀狩りを指揮したGHQの民間諜報局にはライブラリーがあって、やはり司書がいました。アメリカが戦略を立てる際、いかに情報を重視していたのかよくわかります。

このように、国や民族を理解するために地理や風土、歴史の面から分析する学問を地政学と言って、最近はとくに関心が高まっています。**世界の状況を知ることはビジネスや生活にとって大切です。**

ウクライナとロシアの戦争が始まってから小麦が高騰して食品がどんどん値上がりしていますよね。この先、いったいどうなるのでしょうか？

それを考えるために地政学があります。そして地政学には、図書館が持っている情報が必要なのです。もちろん、スパイのように歴史の陰で暗躍する司書たちも……。

誰もが知る情報から、他人が読み取れない情報を読み解く

町歩きで地域の魅力を再発見

これまでの話で、なんとなく図書館の正体が本を借りる場所ではなく、情報を集める場所、情報機関だということをわかってもらえたと思います。ずっと国や戦争の話ばかりだったので、ビジネスにも図書館が活かされている事例を紹介しましょう。

京都で町歩きのツアーをしている「まいまい京都（https://www.maimai-kyoto.jp）」という団体があります。「まいまい」とは京言葉で「うろうろする」という意味です。NHKの人気番組『ブラタモリ』の企画にも協力していて、これまでツアーのガイドさんが20人もテレビ出演しています。この番組では、タモリさんが昔の地図や地形を見ながら町を歩いて、隠された歴史や新しい魅力を発見していきます。

「まいまい京都」も同じで、地元の人も知らないような遺跡を見つけたり、レトロな建物の中を見学したり、商店街の食べ歩きなどをしています。

京都は日本中から毎年約４０００万人も訪れる観光地ですが、その内の98％が2回以上は来たことがあるリピーターです。そんな京都を知り尽くした観光客にも「まいまい京都」のツアーは、マニアックな京都を楽しむことができるので人気です。

地元住民にも参加者が多く、実際に京都で生まれ育った私の友人も、毎月何回も参加しているほどです。

そんな「まいまい京都」ですが、ツアーの企画の裏には図書館の情報力があります。

清水寺で「幻の川」を探せる？

【東山】廃河川《はいかせん》探検家・玉ちゃんと幻の菊渓川《きくたにがわ》、轟川《とどろきがわ》、音羽川《おとわがわ》を捜せ～谷・谷・谷・谷‼凸凹で読み解く、聖地・東山～（まいまい京都のホームページより転載）

これは私が以前参加した「まいまい京都」のツアーです。タイトルを見るだけで、普通のガイドブックには載っていないマニアック感が伝わると思います。

ツアーの場所は清水寺です。清水寺といえば京都でいちばん観光客が多い場所ですが、３つの川があることは誰も気づきません。滝は有名なのに川は無名な音羽川、昔話の一寸法師が渡った轟川、絶滅危惧種のキクタニギクが咲く菊渓川《きくたにがわ》です。

どれも清水寺と八坂神社の辺りを流れる由緒ある川ですが、今はどこにも見当たりません。このように、地上から消えてしまった川を廃河川といいます。

でも、肝心の川はいったいどこへ？

消えてしまった川の行方を調べてガイドしてくれるのが、廃河川探検家・玉川典子さん、通称「玉ちゃん（https://kyoriver.web.fc2.com）」です。

玉ちゃんと一緒に歩いていると、見慣れた清水寺も新発見がいっぱいです。道路の不自然な凸凹、家の土台の石垣、道端に残された橋の欄干《らんかん》。「どうしてこんな場所にこんなものがあるのだろう？」と、古い地図や写真を見ながら、時にはマンホールをのぞきながら、ほかの人が気づかない川の痕跡《こんせき》を次々と見つけ出します。

そんな大学の先生のような玉ちゃんですが、職業はシステムエンジニアです。大学や研究所に所属していないので、情報収集は地域の公共図書館を使っています。

図書館で見つけた川の情報と、自分の足で歩いて気づいた情報をつなぎ合わせて、川の場所を特定しているのです。

「まいまい京都」のガイドさんは知識が豊富な人ばかりですが、大学の研究者とは限りません。別の仕事をしながら、自分の興味のあることを探究しているフリーランスの専門家も多いのです。

公共図書館は誰でも使える施設なので、望みさえすれば誰もが専門家並みの情報も手に入れることができます。

図書館で得た情報を、どう料理するかは自分次第。うまく使えば、町歩きツアーのガイドにもなれるし、テレビに出たり、本を書いたりすることもできるのです。

災害と地域の記憶

川の行方を知ることは、防災にもつながります。歴史学者・磯田道史《いそだみちふみ》さんの『マンガでわかる災害の日本史』（池田書店）によると、地上から消えたはずの廃河川が豪雨でよみがえり、町を水没させてしまうことがあるそうです。

「水は昔を覚えている」と。

実際に大雨が降ると、音羽川がある清水寺の周辺では土砂崩れが起きています。地域の地形や歴史を知ることが、じつは命を守るのです。

つい自分が住んでいる地域を「何もない場所」と言ってしまいがちですが、本当にそうでしょうか？

何もない場所なんて、どこにもありません。どんな場所にも過去があります。ただ知らないだけ、忘れられているだけなのです。地元のシャッターだらけの商店街に江戸時代から続く歴史があったり、今は道路になっているけれど地下には川が隠されていたり。

災害のことを考えるのは少し怖いですが、地域を知ることは面白いのでおすすめです。ぜひ、図書館で調べてみませんか。

図書館を使って地域の記録を手に入れる方法は、のちの「一般的に流通していない情報源も手に入る」で紹介します。

情報の信頼性は「誰が」「いつ」「なぜ」で判断する

フェイクニュースって何？

身近な人と普段どんなことを話したり、ＳＮＳでシェアしたりしますか？

私は面白い話や動画を見つけると、すぐ誰かに話したくなります。感動したニュース、怒りを感じた事件、まわりの人の役に立ちそうな情報もそうです。相手と気持ちを共有したいのか、とくに深く考えず、よかれと思ってつい教えたくなります。

じつはフェイクニュースの入り口になるのが、この「気持ちを共有したい」「相手の役に立ちたい」という割と素直な動機なのです。

たいてい、本人には悪気がありません。知らない内に悪い情報を広めてしまい、結果的に誰かを誹謗中傷《ひぼうちゅうしょう》したり、世間を混乱させたりすることに加担し、訴訟《そしょう》になることもあります。もちろん、被害者になる場合も。よく考えたら怖いことですよね。

具体的にフェイクニュースは3種類あり、必ずしも偽（fake）の情報とは限りません。情報自体は正確でも悪用されてしまう③のパターンもあります。

①誤情報（ミスインフォメーション Mis-information）

間違った情報。原因は勘違いや確認不足。元々は誰かに危害を加えるつもりはない。誤って次々と拡散されてしまう。（例）コロナ時のトイレットペーパー品切れ騒動。

②偽情報（ディスインフォメーション Dis-information）

わざと作られた嘘の情報。相手をだますために内容は詐欺的《さぎてき》で、操作されている。特定の個人や集団に危害を加えるために意図的に広められたもの。文章や写真などを加工する。（例）災害時の写真を加工して被災地を混乱させる。

③悪意ある情報（マルインフォメーション Mal-information）

情報自体は正しい。でも特定の個人や集団を攻撃したり、誤解させたりする狙いがある。ヘイトスピーチ、ハラスメント、保護すべき情報を漏洩《ろうえい》させる。（例）有名YouTuberの住所を調べて拡散する。

「自分はだまされない・引っかからない」と自信がある人はとくに用心しましょう。総務省で公開されたアンケートによると、情報を見抜く自信があると答えた人ほど、皮肉なことにフェイクニュースを拡散してしまう傾向があるそうです。

むしろ自信を持つより、自分はだまされやすいと思っているぐらいがちょうどいいのです。そうすれば情報を鵜《う》呑《の》みにして、誰かと共有したくなっても慎重になります。自分のせいで誰かを傷つけずに済みます。

もし現在、自分が誰かに傷つけられ、脅されるようなトラブルに巻き込まれているのなら、総務省のWebサイト「上手にネットと付き合おう!安心・安全なインターネット利用ガイド（https://www.soumu.go.jp/use_the_internet_wisely/）」を読んでみてください。対処法が書いてあります。

身近な人に相談するのはなかなか勇気がいるもの。そんなときは相談窓口を利用しましょう。窓口は複数あります。自分の悩みをどこに相談したらいいか、フロー図を確認してください（https://www.soumu.go.jp/use_the_internet_wisely/special/sns/）。

だまされないための「3つのチェックポイント」

フェイクニュースがいちばん多いジャンルは「スポーツ・芸能・文化」で、さらに「社会事件」「生活健康」「災害」の順になっています。雑談のネタや生活に必要な情報こそ、じつはフェイクが潜んでいるわけです。

そんな身近な落とし穴を避けるためには、日々流れてくる情報の信頼性を自分で疑うしか方法がありません。ネットに限らず、本も新聞もテレビも同じです。「誰が」「いつ」「なぜ」の3つのポイントで信頼性を確認しましょう。

【ポイント①　誰の発信した情報か確認せよ】

・著者（ライター）名、サイトの主催者名が、はっきり示されているか
・本名か、匿名やハンドルネームか（本名のほうが信頼性が高い）
・その分野の専門家なのか、専門知識や資格を持った人か。責任を持って発信しているか（プロフィール、職業、肩書き、立場を確認しましょう）

・過去にフェイクニュースを発信して批判されていないか（名前でネット検索するとわかります）

発信者の信頼性を測る上で大事なのは、専門性です。私は大学の図書館司書なので図書館の本を書いています。もし私が、一般企業の会社員だったらどうでしょうか。少し違和感がありますよね。

誤解しないでほしいのは、専門家の情報だけが信頼できると言っているのではありません。たとえば病気に関する本だと、患者やその家族の体験談を書いた本が多くあります。医療の専門家ではないものの、病気を体験した当事者の話は大切な視点です。

そもそも正しい情報は、専門的な知識と経験から生まれます。発信者の信頼性を測るときは、その分野にどれだけ深く関わってきたかを経歴や実績から判断しましょう。

【ポイント②　いつの情報か確認せよ】

・本の発行日（最後の奥付のページに書いてある）
・本のタイトル＋〇年度版

・雑誌の発行日、巻号
・新聞の日付
・ネットのページ更新日

「新しい情報＝信頼性が高い、古い情報＝信頼性が低い」というふうに思われがちですが、必ずしもそうではありません。「日付が新しいほど信頼できる情報」と「日付が古くても信頼できる情報」の2種類があります。

日付が新しいほど信頼できる情報は、旅行のガイドブックや資格試験の問題集などが代表的です。年ごとに新しい情報がどんどん更新されていくのが特徴で、タイトルのそばに「○年度版」と書いてあります。

旅行のガイドブックの場合、年代が古くなるとお店の情報も変わってしまい、そうなるとあまり役に立ちません。情報の変化が激しい分野は、日付の新しいもののほうが信頼性は高いと判断しましょう。

一方、日付が古くても信頼できる情報もあります。たとえば映画『崖の上のポニョ』について宮崎駿《みやざきはやお》監督のインタビューをネットで探すとします。

映画が公開されたのは２００８年なので、情報もその辺りに集中するはずです。案の定、Googleで「ポニョ　インタビュー　宮崎駿」と検索すると２００８年の記事がいくつか出てきました。日付は古いですが、当時の情報です。

今、わざわざ15年以上前の映画の話をインタビューする可能性は低いですし、おそらく今後もないでしょう。現在（２０２４年）は最新作『君たちはどう生きるか』のほうが注目されていますから。このように、**過去のある時点でしか手に入らない情報は、ページの日付（更新日）も当時のままであるほうが自然**です。

逆にフェイクニュースの中には、昔の記事をまるで今の出来事のように見せるものがあります。日付の信頼性は、新しいか古いかで判断するのではなく、情報の内容と日付の辻褄《つじつま》が合っていることが大切です。

【ポイント③　なぜ情報発信するか、根拠はあるか確認せよ】

・情報発信する意図
・個人の意見なのか、根拠のある事実なのか
・元ネタ、引用元、参考文献があるか（あれば中身を確認する）

判断の１つ目のポイントは、情報発信の背景にある意図を考えること。 たとえば企業が広告を出すのは、商品を売って利益を上げるためです。当然売るためにしているのですから、商品のよい点は説明しますが、悪い点はあえて伏せておく傾向があります。

こんなふうに、あらかじめ相手の意図を考えておくと、広告で受け取る情報がすべてではないと気づきます。不足していたり、隠されたりしている情報もあり得ると。内容にかたよりがあると先にわかっていれば、鵜呑みにせず冷静に判断できるのです。

２つ目は、情報に根拠があるかどうか。 とくに根拠のデータが示されていない情報は要注意、自分の思い込みだけで書いている可能性があります。

一方、根拠があるからといって油断は禁物です。フェイクニュースは、根拠の情報を都合よく書き換えたり、一部だけ切り取ったり、翻訳が正しくない場合があります。その捏造《ねつぞう》した根拠をもとに、偽情報でだまそうとするのです。少し面倒ですが、根拠の元データを確認しましょう。

情報源を複数使って情報を突き合わせる

情報のジグソーパズルを作る

今まで何気なく信じていた情報も「誰が」「いつ」「なぜ」の視点で改めて見てみると、かたよりや曖昧《あいまい》な部分があることに気づきます。そもそも、たった1つで完璧な情報なんて存在しないのです。

たとえば、インスタグラムで綺麗な砂浜の画像を見つけたので、そこに行ってみたくなりました。その画像を、一目見ただけでたどり着けるでしょうか？

たぶん不可能ですよね。ほとんどの人が、投稿に書いてある砂浜の名前や地名を元に、Googleなどでさらに調べると思います。行くための交通手段も知りたいし、遠い場所だったら宿も予約しないといけません。お天気も気になります。

このように、状況の判断や目的を達成するためには、いくつかの情報を突き合わせる必要があります。「突き合わせる」とは「両方を照らし合わせてくらべる。ひきあわせる」（日本国語大辞典）という意味です。

ジグソーパズルをイメージしてみてください。パズルのピースは自分自身が集めた情報です。それを１個ずつ、形をよく観察しながら組み合わせていきます。力を込めずに無理なくハマれば正解です。するとバラバラだった情報の欠片が、まるで点と点がつながって線になるように、やがて１枚の絵ができ上がります。

その絵が、まさに調べていたことの全体像です。情報のピースも１個だけでは何の絵かわかりません。パズルを完成させたときに、初めて物事の本質がわかります。より正確な判断を導き出すためには、必ず情報のパズルを作りましょう。

ただし、ルールが３つあります。

【ルール①　情報を好き・嫌いで判断しない】

人は願望や思い込みから、無意識に自分が好む情報ばかりを集めてしまい、逆に気に入らない情報は無視する傾向があります。これを心理学では「確証バイアス」と呼びます。好き・嫌い、共感する・しないといった感情を元に情報を集めると判断を誤ります。先入観を持たないで、頭を白紙の状態にしたまま情報を取り扱いましょう。

【ルール② 間違ったピースを無理に合わせない】

ピースがうまく合う＝情報の辻褄が合っています。正しい情報同士には必ず関連性があるからです。逆に合わないときは、情報の組み合わせに矛盾がある証拠です。誤情報・偽情報かもしれません。もしくは、その情報のあいだに、まだ見つかっていない空白のピースがある可能性も。

いったん立ち止まって、矛盾の原因を考えてみましょう。つい結果を早く出したくて、間違ったピースを無理にくっつけたくなりますが、ちょっと我慢してください。

【ルール③ 空白のピースに情報を追加する】

空白のピース＝情報が足りていない部分です。「自分にはまだ知らないことがたくさんある」（無知の知）を認めるのはなかなか難しいこと。しかし、物事の本質を理解するためには、いちばん大事な姿勢です。わかったふりをするよりも、素直に足りない情報を探しましょう。情報のピースを追加していくほど、明確な結果が表れます。

情報量を増やして解像度を上げる

解像度という言葉を聞いたことがありますか？　解像度とは、物事の内容をはっきりと色鮮やかに見ることができる能力です。ビジネスの世界でよく使われます。

最新のスマホやテレビの画面を思い浮かべてください。一昔前のものに比べて圧倒的に画像が綺麗ですよね。鮮明な画像のように、自分が調べている物事を細かい部分まで理解している状態を「解像度が高い」と呼びます。一方、物事が曖昧で深く理解できていない状態を「解像度が低い」と言います。

この解像度の違いは何かというと、情報の質と量の差です。情報のパズルでは、質は情報のピースの大きさ、量はピースの枚数です。形が小さければ小さいほど、枚数が多ければ多いほど、でき上がった絵（物事の内容）は色鮮やかで輪郭がはっきりします。

次ページに書いたのは、実際にAmazonで売っているジグソーパズルです。1歳児用の6ピースのパズルと、世界最小ピース（通常の4分の1サイズ）の2000ピースの

1歳児用6ピースのパズル	世界最小2000ピースのパズル
・1ピースが大きい ・完成が早い ・シンプルな絵 （子ども向けのイラスト） ・グラデーションが少ない ・色の数が少ない	・1ピースは小さい ・完成に時間がかかる ・複雑な絵 （モネの「睡蓮」） ・グラデーションが豊か ・色の数が多い
解像度が低い	**解像度が高い**

ものです。2つの特徴を比べてみましょう。

2000ピースのパズルは、モネの「睡蓮」という有名な絵が描かれています。美術館で実物を見たことがありますが、ものすごく色が多くて細かくて、淡い色から濃い色まで何層にも塗り重なっていました。

グラデーションとは、色の濃淡と明暗の変化のことです。白からグレー、グレーから黒へと色が繊細に変化する水墨画をイメージしてください。

情報のパズルもピースが大きくて枚数が少ないものは、1歳児用のパズルと同じで組み立てるのはとても簡単です。

その反面、情報量が少ないため物事を単純にしか捉えられません。

現実の背景には、もっと複雑な事情があるのに、そこを無視して「白か黒か」「善か悪か」の二極化で考えてしまいます。すると極端なアイデアしか浮かばず、自分とは異なる意見を尊重できなくなります。先ほど説明した「確証バイアス」です。

逆に、情報のグラデーションがあれば、白と黒の間にグレーの領域があることに気づけます。そこから柔軟なアイデアが生まれるので、問題も解決しやすくなります。物事をはっきりと色鮮やかに理解できている「解像度が高い」状態です。

解像度を高めるためには質の高い情報が必要ですが、図書館を使えば誰でも手に入れることができます。解像度が高い人は世の中の微《かす》かな変化を察知して、自分の夢や目標を叶えるのが上手です。

解像度を上げるためにも図書館を活用しましょう。

【解像度を上げるコツ】

・まず基礎的な情報を知る（入門書、教科書、新書、辞書事典）
・専門書で知識を深める
・幅広い情報源を確認する（本、新聞、雑誌、ネット、人と話す）

・同じ著者の本ばかり読まない。複数の人の意見を知る
・参考文献、引用文献から芋づる式に情報を集める
・異なる３つの視点でバランスよく情報を集める（賛成、反対、中立など）
・ネット情報は３つ以上のサイトを比較する
・新聞の情報は２紙以上で比較する

図書館の強みは、情報源の現物を確認できること

「ゆく河の流れは」が教えてくれるもの

「ゆく河の流れは絶えずして、しかも、もとの水にあらず」

これは鎌倉初期の随筆《ずいひつ》『方丈記』（鴨長明《かものちょうめい》）の始まりの言葉です。学校でも習うので知っている方も多いでしょう。

現代語訳だと「**河を見ていると、水は流れ流れて絶え間がないが、それはむろん同じ水ではなく、つねに新しい水が流れているのだ**」（中野孝次『すらすら読める方丈記』講談社）。

私はこの800年以上も前の言葉が、いちばん「情報とは何か」をよく説明していると思います。情報は水によく似ているからです。「情報の流れ」のように「情報の●●」と書くとき、●●には波、海、洪水、渦、源流などが入ります。水にまつわる言葉ばかりです。情報の台風、土砂崩れ、噴火なんて言わないですよね。風、土、火ではない。

なぜ水かというと、人は昔、川や海を渡って移動していたから。人と一緒にモノと情報が船で運ばれていたからです。古代最大の図書館、エジプトのアレクサンドリア図書館もナイル川の河口にありました。情報は人が行き交う場所に集まるのです。

現代の私たちの世界で人が集まるのは水辺ではなく、インターネットです。

X（旧Twitter）やInstagram、YouTube、Yahoo!ニュースでは、目を離した隙にどんどん内容が入れ替わっていきます。気になる話を見つけても、次の瞬間あっという間にどこかへ移動してしまいます。

本も同じです。書店やAmazonに並んでいる本の一部は、一定期間で入れ替わります。総務省『令和5年日本統計年鑑』によると、年間約6万9000点（2021年時点）も新しい本が出版されているので当然です。

でも、発行部数が少ない本、買う人が限られる専門的な本は、出版社の在庫がなくなってしまうと買うことができません。

実際、私は大学図書館で本の発注をしていますが、書店に本を注文しても在庫の理由で断られることがよくあります。情報とは河の流れと同じ。「元の水にあらず」なのです。

図書館は情報のダム

雨が降らなくて水不足になったとき、すでに干上がった川から水を汲み上げようとしても無理ですよね。だから日本中の川にダムが造られるわけです。

同じように、情報も水のように常に流れていくものなので、いざというときのためにダムに貯めておかないといけません。

図書館はまさに情報のダムです。日本でいちばん多い図書館は、地域にある公共図書館です。すべての都道府県に合計３３０５館あります。

スパイの専門用語でも、図書館のように情報を集約する機関を「インテリジェンス・コミュニティー」と呼んでいて、情報収集のいちばん重要な場所だとしています。

一般的に流通していない情報源も手に入る

青い鳥が消えた

２０２３年７月、突然 Twitter から青い鳥がいなくなりました。代わりに現れたのは黒い「X」。日本だけでなく、世界中のユーザーが驚きました。

なぜエックスになったのでしょう？

エックスの正体は、Twitter を買収したイーロン・マスクの会社です。マスクは電気自動車メーカー・テスラの経営者で有名ですが、メディアによると彼は「X」という言葉に強い思い入れがあるそうです。経営する宇宙開発企業の名前もスペースX、子どもにもXと名づけるほど。

経営者の好みが会社に反映されるのは普通のことです。

ただ、今回の騒動で専門家が指摘している問題は、Twitter のユーザーが世界で４億人以上いるにもかかわらず、事前の告知なしに名称が変更された点です。

しかも、関係者さえ知らなかったようで、本社の Twitter の看板を下ろすときも、警察への連絡不足でいったん中止になりました。

さらに、日本の Twitter の法人名は「Twitter Japan」なので、名称を変更すると「X Japan」になります。ロックバンド X JAPAN の YOSHIKI さんも、公式アカウントで「#XJAPAN 商標登録してあると思うけどなー」とコメントするぐらいでした。

じつは、この名称変更は始まりに過ぎません。最終的にはアプリ自体を新しくするのが目的です。通話や決済、生体認証などの機能を加えたスーパーアプリを目指すと報道されています。

Twitter のユーザー数が多い国は１位がアメリカ、２位が日本です。ですが人口の割合で見ると、日本は世界でいちばん Twitter を使っている国なのです。

マスクも Twitter は日本が中心だと発言しています。**つまり、X になったことでもっとも影響を受けるのは、私たち日本のユーザーだということです。**

SNSの記録は永遠？

私もそうですが、X（旧Twitter）を使っていない人は、自分には関係ないニュースだと思いますよね。でも、本当にそうでしょうか？

ほかのSNSでも今後、アプリ機能の大幅な変更、有料化、極端な場合はサービスが終了する可能性も十分あります。そうなれば、個人が記録する写真・文章・動画・連絡先さえも消えてしまいます。

SNSは、人によって使う目的もアプリも違いますが、共通しているのは日常に欠かせないものということ。日本でいちばん利用者が多いアプリはLINEですが、もしなくなれば大混乱になるはずです。

連絡先が消えてしまうだけの問題ではありません。そこには人間関係やコミュニケーション、大事な思い出が詰まっているからです。まるで個人の歴史が消えてしまうのと同じぐらいのインパクトになるでしょう。

それはどの企業のアプリも同じで、**デジタル上の個人の記録が消えてしまう可能性については、メディアアーティストの落合陽一《おちあいよういち》さんも問題を指摘**しています。

私は旅行先で撮った写真を、ＳＮＳに記録として投稿していますが、以前 Facebook と Instagram の会社がメタ（Meta）に変わったときも少し心配になりました。

今回の騒動も他人事《ひとごと》ではなく、改めて大事な記録はＳＮＳに頼らない形でも残したほうがよさそうだと実感しています。

図書館のデジタルアーカイブ

最近、意外なことに、昔ながらのインスタントカメラが人気です。スマホが当たり前になって以来、写真も動画も音楽も、何もかもデジタル化されました。

しかし、人とは不思議なもので、デジタルが極まれば、逆にアナログが恋しくなる傾向があります。だからデジタルとアナログ、どちらの方法が記録として正解なのか、１つに絞るのはあまり意味がないでしょう。どちらも大事で、やはりバランスです。

図書館は、どちらかというとアナログにかたよってきましたが、コロナをきっかけに資料のデジタル化にも力を入れています。これをデジタルアーカイブといいます。

とくに公共図書館は「情報のダム」として、地域の記録（郷土資料）を残すのが役目です。郷土資料は単なる記録ではなく、その土地で生きた人々の想いが込められた大事な歴史です。二度と手に入らないものや、世界で1つだけのものがたくさんあります。昔の書籍、写真、地図、絵、手紙、日記、パンフレット、美術館・博物館の展覧会図録などです。

著作権の関係で全部ではないですが、デジタル化された図書館の貴重な資料を見る方法をご紹介しましょう。

公共図書館のデジタルアーカイブで探す

たとえば、ある地域の昔の写真を探したいとき、Googleで「地域名　写真」で探すとほとんど写真店の情報しか出てきません。

ですから、キーワードは「地域名　デジタルアーカイブ」または「地域名　デジタルミュージアム」と入れましょう。公共図書館によっては、デジタルアーカイブを作っていないところもあるので、デジタルミュージアムも一緒に検索すると、博物館や資料館のアーカイブも見つけられます。

実際にGoogleで「京都　デジタルアーカイブ」と調べてみると、京都府立京都学・歴彩館デジタルアーカイブが出てきました。前に紹介した京都の町歩きツアー「まいまい京都」で清水寺に幻の川があると知ったので、川が描かれた史料を探してみました。すると、１７３７年に書かれた『洛東音羽山清水寺来験記』という本の中に、ちゃんと幻の轟川が流れているのを発見しました。探し方はキーワードに「清水寺」と入れるだけです。**デジタル化される前は専門家しか見られなかった貴重な史料が、こうしてスマホでも簡単に見ることができて面白いですね。**

ポイントは、調べたい人物や物事と関係が深い地域のアーカイブを選ぶことです。徳川家康だと、生まれたのは愛知県岡崎市。「岡崎市　デジタルアーカイブ」と検索すると、岡崎市立中央図書館が出てきました。

全国的に有名な人物でも、ゆかりのある地域でしか見られない資料があります。１つのアーカイブに限定せずに、複数見てみるといいでしょう。

国立国会図書館の「ジャパンサーチ」で探す

「ジャパンサーチ（https://jpsearch.go.jp）」は、全国のデジタルアーカイブをまとめて検索できる便利なサイトです。キーワードを入れると画像や映像、音源などのデジタル情報が出てきます。

ＮＨＫの放送番組『新日本風土記』など、テレビで放送された映像などもあります。画像検索といえばGoogleの画像検索を使う人も多いですが、デメリットはその画像の出所が曖昧なことや、本当に正しい情報か自分で見極めないといけないリスクがある点です。

それに比べて「ジャパンサーチ」の場合、出てくる情報は全国の図書館、博物館・美術館、自治体、大学など、研究機関のものなので正確で安心です。

1つのキーワードを入れただけで、いろんな施設のアーカイブを横断するので思いがけない発見もあります。さっきと同じように「清水寺」で検索すると、絵や写真だけでなく、清水寺が描かれた着物や清水寺の湧水を特集したテレビ放送も出てきました。

ただ「ジャパンサーチ」の注意点として、情報量は多いですが、連携していないアーカイブもたくさんあります。ですから、最初に紹介した方法でデジタルアーカイブ、ミュージアムを探しつつ、このジャパンサーチも一緒に使ってみてください。見ているだけでも楽しいですよ。

情報源と情報量が少ないと、結果の精度が低くなる

ニホンミツバチの8の字ダンス

情報を集めて分析し、取捨選択して、まわりに伝える。それは人間だけが持つ特殊な能力なのでしょうか？

いいえ、自然界にもスパイのような情報のプロがいます。花壇のまわりをブンブン飛び回る、あのミツバチです。

日本には古来ニホンミツバチという在来種のミツバチが住んでいます。大きさは1・3センチ程度と小さく、私の手のひらに乗せても刺さないほど大人しい性格です。

そんな一見、弱そうなニホンミツバチですが、大きさが3倍以上も違う世界最大のオオスズメバチを撃退する「熱殺蜂球《ねっさつほうきゅう》」という必殺技を持っています。

まるでマンガに出てきそうな必殺技ですが、そのほかに特徴的なのは、情報収集の高い能力です。ニホンミツバチを含むミツバチ属は、情報をダンスで伝達します。紫外線で感じ取った太陽の位置を基準に、蜜が採れる花の方角と距離、蜜の量と質を8の字のように動いて仲間に伝えるため「8の字ダンス」と呼ばれます。しかし、ダンスをするのは蜜を集めるときだけではありません。

ミツバチがもっとも重要な判断を迫られるのは、巣の引越し先です。きっと決定するのは、巣でいちばん偉い女王蜂だと思いますよね。でもじつは、女王蜂は何も口出しできません。働き蜂が情報を集めて分析した結果、多数決で決めるのです。

まず群れの中でも、とくにベテランで精鋭の偵察隊が候補地を見つけ、巣に帰り、その位置情報と推しポイントを、ダンスで表現して仲間に伝えます。もちろん、蜂によって意見が違うので、ダンスバトルのように巣のあちこちで違ったダンスが起こります。それを見ていた蜂たちも、真偽を判断するために、伝えられた情報を元に候補地を見に行きます。もし気に入った場合は、自分も巣に戻って同じダンスを踊り始めるので、次第に1つのダンスに絞られていき、最終的にみんな同じダンスを踊って、引越し先が決定されるのです。自然は、本当によくできています。

ミツバチにとって、新しい巣を決めるのは生死を分ける決断です。誤った判断をすれば全滅にもなりかねません。だからこそ複数の蜂（情報源）が、それぞれの候補地（情報）を見つけた上で慎重に判断するのです。とても情報収集が上手だと思いませんか。

なぜ新入生は詐欺に狙われやすいのか？

人間の世界でも誤った判断をしてしまった結果、大きな損害を受けることがあります。詐欺などのトラブルです。

詐欺と聞くと、振り込め詐欺のように、高齢者を狙ったイメージが強いかもしれません。

でも、じつは詐欺に狙われやすいのは若い人、とくに大学に入学したばかりの新入生です。どの大学でも、とくに入学シーズンは警戒を強め、学生に注意喚起しています。

それでも被害は、あとを絶ちません。大学生協の調査によると、大学入学後に遭遇したトラブルで毎年上位なのが以下のとおりです。

・宗教団体からのしつこい勧誘
・バイト先での金銭や労働環境のトラブル（ブラックバイト）
・マルチ商法
・ネット詐欺（就活詐欺・キャッチセールス）

若い人は、高齢者に比べてスマホを使いこなしているので、詐欺やトラブルに関する情報量も多いはず。なぜ、それでも巻き込まれてしまうのでしょうか？

いちばん大きな理由は、焦りと不安です。マーケティング学者の鳥山正博さんとの共著『ブラックマーケティング　賢い人でも、脳は簡単にだまされる』（KADOKAWA）で、脳科学者の中野信子さんは、詐欺にだまされる脳の仕組みを説明しています。

人から孤立すると「幸せホルモン」と呼ばれるセロトニンという神経伝達物質が不足します。すると、心のバランスが崩れて焦りや不安、恐怖を感じやすくなり、思考力や判断力が低下してしまうのです。

入学したばかりの学生は、まだ友だちもできておらず、大学にも不慣れなので不安なことばかり。とくに、独り暮らしの学生なら当然でしょう。不安定な気持ちの中で、バイトやサークル活動、他大学との交流で大勢の人と知り合うわけです。

そこに紛れ込んだ怪しい人たちが、言葉巧みに誘ってきたとき、人とつながりたい焦りと不安によって学生は逃げられません。

私も以前、異業種交流会に参加したとき、マルチ商法の人に声をかけられたことがあります。その女性は大企業に勤めていて、穏やかな人でした。友だちになれそうだったので後日２人で、カフェでお茶をすることにしました。

最初は世間話で盛り上がっていたのですが、途中からなぜか自分自身の過去の苦労話をし始めて、今は尊敬するメンター（師匠）と出会い、新しい商売を始めて人生が変わった、ぜひあなたも会ってほしいと言われました。

私は手口の情報を知っていたので、そのままお別れしました。ですが、もしこれが新入生だったら、断るのは難しいのではないかと思った出来事でした。

複数の情報源があればだまされない

人生には必ず孤立したり、焦りや不安を感じたりする瞬間があります。悪意のある人から狙われる危険は、誰にでも起こり得ることです。

被害を避けるためのポイントは、複数の情報源を持つこと。しかし、大学生の場合、トラブルに巻き込まれて困った状況におちいっても、原因になった恋人や友達、先輩を信じたい気持ちが邪魔をします。これは「エコーチェンバー」という心理状態で、信じたい情報しか耳に入らなくなってしまうのです。

だまそうとする相手は、ターゲットのまわりを役者で固めて、嘘を真実のように見せかけます。ドッキリ番組を思い浮かべてください。バレないドッキリは、仕掛け人を大勢使いますよね。**時には身近な人物よりも、まったく別の場所から情報を集めたほうが、先入観から目覚めやすくなるのです。**

そんな情報源として、図書館はとても役立ちます。大学図書館では毎年新入生向けに新生活に役立つ本を展示しています。『大学生が狙われる50の危険』（三菱総合研究所ほか、青春出版社）など、安全のためのマニュアル本は学生たちも関心が高くてよく貸し出されています。

ミツバチが巣を見つけるとき、複数の候補地を探して分析して判断していました。私たち人間も見習うべき点があるかもしれません。

街の雑踏、SNS、テレビ、世の中のあらゆるものが情報源

老舗企業の新たな挑戦

情報が手に入るのは、難しい本の中とは限りません。日々テレビやＳＮＳなどたくさんの情報を見聞きする中で、偶然目にしたものが解決策のキーワードになることもあります。

創業から１０５年の大阪の老舗《しにせ》「田中文金属株式会社（https://www.tanaka-bun.jp/）」もそうでした。

もともと、火ばさみや什能《じゅうのう》（かまどの灰かきや燃料の補充に使うもの）、しちりん台（現在の焼肉店などの七輪用テーブルの丸穴サイズの元になっている）など〝火の道具〟を得意としてきた金属製品の製造会社です。

「よそにないものを作る」は、創業から受け継がれてきた言葉で、物作りの精神を表しています。4代目にあたる代表取締役の田中淳仁さんも「よそにないものを作る」ため、新製品開発に向けて、日々試行錯誤してアイデアを考え続けていました。

その中には、会社が得意な〝火の道具〟に着目したアウトドア製品もありました。

老舗が開発したソロキャンプ用品が大ヒット

ある日、偶然見かけたのがマンガ『ゆるキャン△』（あfろ、芳文社）。キャンプを趣味にしている女子高生の緩やかな日常を描いたマンガです。

アニメ化もされ、国内・海外で大人気の作品です。『アニメツーリズム白書2023年』によると、X（旧Twitter）のツイート数を分析した結果、ゆるキャンが話題の上位を占めています。聖地巡礼（アニメツーリズム）でも舞台となった山梨県の自然やキャンプ場では人が絶えません。

そんな中、田中さんは「挑戦するなら今だ」とピンときて、アウトドアブランドの開発に舵を切ったのです。そして、2016年に誕生したのが次の2つのアウトドアブランドでした。

・conifer cone……「自由」を「自在」に楽しむソロキャンパーのためのミニマムアウトドアギア
・tab.……モノがあふれる時代に、ほかのモノに埋もれない「ちょっと出っぱったアイテム」

アウトドアや災害時に役立つ軽量コンパクトな缶ストーブや、枯葉や松ぼっくりなど身近なもので使用できるコンパクトストーブ（パイロマスター）、コンパクト焼き網、トング、アイアンパンなどを次々と発表。もちろん日本製で、職人の伝統技が光る商品ばかりです。

ソロキャンパーの流行もあって、田中さんの最初のピンとひらめいた読みどおり、新製品は大人気となりました。

会社のロゴは、創業以来「最上」を意味する松印です。そして、新ブランド「conifer cone」は松ぼっくりという意味なのです。伝統を受け継ぎつつ、田中さんの新たな挑戦は続きます。

〝想いの力〟をうまく活かすために

同じ情報を見聞きしていても、ピンとひらめく人・何も感じない人がいます。その違いは、いったい何でしょうか?

私は想いの強さだと思います。これまでスパイと図書館の情報収集についてお話ししてきましたが、テクニックと同時に大切なのが、この見つけ出そうとする〝想い〟です。

強い想いがあると、脳が実現するための情報を自動的に集めようとします。選択的注意という機能です。

紹介してきたスパイの話も、根本には強い想いがあったからこそ、膨大《ぼうだい》なオープンソースの中から、たった1行の貴重な情報を見つけることができました。

〝想いの力〟をうまく活かすために、やはり視野は広くしていましょう。世の中のあらゆるものが情報源なのですから。

第2章
正しい情報をどう手元に引き寄せるか

本人の発言より、ネット情報のほうが正しい？

『千と千尋の神隠し』の聖地はどこ？

日本で公開された映画の中で、もっとも興行収入がよかった作品をご存じですか？
1位は『劇場版「鬼滅の刃」無限列車編』（2020年）、2位は『千と千尋の神隠し』（2001年）です。続いて3位は『タイタニック』（1997年）、4位は『アナと雪の女王』（2014年）、5位は『君の名は。』（2016年）です。なんと上位5位の内4つがアニメ作品なのです。

その勢いは旅行業界にも大きな影響を与えていて、アニメの舞台をたどる「聖地巡礼」がブームになっています。一昔前まではコアなファンの趣味だったのが、今はもうメジャーな旅行として、業界ではアニメツーリズムと呼んで注目されています。

試しにGoogleで「千と千尋　モデル」か「聖地」と検索してみてください（「舞台」だと舞台版の情報ばかりになるので注意）。

すると、温泉や観光地の情報がたくさん出てきます。その中でも必ず紹介されているのは台湾の九份《キュウフン》です。映画が公開された当初から作品の舞台として有名です。

宮崎駿の衝撃発言

「ええ、違います。映画を作ると、モデルは自分のところだろうと思う人は、日本にもいっぱいいいまして。『トトロ』のときも、僕が家の近所を集めた材料で作ったのですが、はるか九州からモデルはここだとか。同じような風景はいっぱいあるということです」

（【FOCUS新聞】「TVBS専訪宮崎駿72歳不老頑童」より）

これは2013年に、台湾のケーブルテレビTVBSの取材で、記者から『千と千尋の神隠し』の舞台が本当に九份なのか、と聞かれたときの宮崎監督の答えです。

現在でもこのときの映像は、テレビ局のYouTube（https://youtu.be/XJ9BnbkRzOg）で、インタビュー記事も公式ホームページ（https://news.tvbs.com.tw/world/503561）で公開されています。

私は九份がモデルだと何年も信じていたので、この取材を見てかなり驚きました。同時に、少しガッカリな気持ちも……。ですが、本人がハッキリと否定しているので確かです。さらに、日本国内の場所にも誤解があると指摘しています。

しかし、なぜ本人が否定しているのに、間違った情報がネット上で広まっているのでしょうか?

聖地は〝舞台〟から〝世界観〟へ

『アニメツーリズム白書2023年』の分析によると『鬼滅の刃』のヒット以来、アニメの聖地巡礼の形が大きく変わっているようです。

これまでの聖地巡礼は、熱心なファンがアニメの背景として描かれた場所を探し出して訪ねる旅行でした。しかし現在は、作品に登場した場所とは限りません。舞台になった事実がない無関係な場所でも、雰囲気や世界観が似ているという理由から聖地と呼ばれ、気軽に旅行を楽しむ人が増えています。

たとえば『鬼滅の刃』の場合、奈良県の柳生一刀石は、主人公の竈門《かまど》炭治郎《たんじろう》が一刀両断した岩、福島県にある旅館の大川荘は無限城に似ていると話題になり、多くのファンが訪れています。しかし、マンガの版元（集英社）によると「作品といっさい関係はない」とのこと。

宮崎監督が台湾の取材で「同じような風景はいっぱいある」と言ったとおりです。世の中には雰囲気が似ている地域や、主人公のようにポーズを取るとＳＮＳ映えする場所はたくさんあります。偶然そこを訪れた人が口コミをしたのがきっかけで、いつの間にか聖地化していく流れです。

もちろん、ファンが世界観に浸って楽しむのは、全然悪いことではありません。観光が活発になれば、地域にとっても経済的な効果があります。

その一方で、ネット上にあふれた膨大な聖地の中から、本当に作品の舞台になった場所を見つけ出すのは難しくなりました。

一次情報とマスメディアの役割

誰でも気軽に情報を発信できるネットは、情報量が多い反面、事実が曖昧になっていくのは仕方がないことです。プロのライターでもない限り、ＳＮＳやブログの投稿で事実や根拠を意識して書く人は少ないからです。だからこそ、事実を伝える報道機関として、新聞や雑誌、テレビ、ラジオなどのマスメディアが必要なのです。

宮崎監督の取材をしたのは、台湾のケーブルテレビの記者でした。もし私たちが宮崎監督と話をしたくても、多分アポイントを取ることはできません。

でも、マスメディアなら可能です。私たちが宮崎監督に直接お話を聞けない代わりに、記者が取材をしてくれたおかげで、貴重な話を聞くことができたのです。

このように、**本人へのインタビューでわかったオリジナルな情報を、一次情報と言います。事実を確認するためには、この一次情報が不可欠**です。

マスメディアの役割は、現場に行って取材をして、社会に事実を伝えること。しかし最近はマスメディアへの不信感から、ネットのほうが信用できると考えている人も増えています。

ネットかマスメディアかの二者択一ではなく、どちらも私たちにとって必要な存在なのです。

本なら「忖度」も回避が可能

「忖度」って何？

毎日ネットやテレビで見聞きする割に、言葉の本当の意味はよく知らない……。

２０１７年の流行語大賞にも選ばれた「忖度《そんたく》」は、そんな謎めいた言葉ではないでしょうか。

忖度の意味を辞書で調べると「他人の心をおしはかること。また、おしはかって相手に配慮すること」でした。

私は今まで「媚《こ》びへつらう」「えこひいき」のような意味だと思い込んでいましたが、どうやら違うようです。

忖も度も「はかる」という漢字なので、ひいきのような具体的な行動ではなく、あくまで相手の気持ちを推測するだけ。「空気を読む」に近い感覚とも言われます。

おそらく誰でも空気を読んで行動したことはあるでしょう。他人の心をおしはかる、つまり忖度は日々の生活でも起きていることなのです。

ただし、忖度されては困るものがあります。私たちに事実を伝える役割を持つ報道機関・マスメディアです。

いじめ・忖度と戦うジャーナリスト

ジャーナリストの石川陽一《いしかわよういち》さんは2023年7月、記者として働いていた共同通信社に対し、言論の自由を侵害されたとして訴訟を起こしました。

共同通信は、日本を代表する通信社の一つです。通信社とは、独自に取材した記事や写真を、新聞社や放送局に提供する会社です。

ジャーナリストの池上彰《いけがみあきら》さんによると**「通信社のいいところは、とにかくニュースが速く、速報性が非常に高いこと」**です。そのため、NHKや民放などテレビ局も原稿を受け取っています。

とくに、各県で発行されている新聞（地方紙）は、地元密着の取材に力を入れるため、全国や海外のニュースは通信社が配信する記事を掲載しています。

訴訟のきっかけになったのは、石川さんの著書『いじめの聖域　キリスト教学校の闇に挑んだ両親の全記録』（文藝春秋）です。

２０１７年に長崎市内の私立高校で、同級生からいじめを受けた学生が命を絶つという悲しい事件がありました。石川さんは遺族、学校、県などを取材する中で、遺族が学校と県から不適切な対応をされて苦しんでいる状況を知ります。

原因を調査した第三者委員会がいじめの事実を認定しても、学校側はそれを認めず、長崎県も学校の立場を追認していたのです。

石川さんが、その事実を記事にした結果、Yahoo!ニュースや全国各地の新聞にも取り上げられるなど、社会に大きな反響を与えました。

この件について、約3年の取材をまとめたのが『いじめの聖域』です。第12回日本ジャーナリスト協会賞大賞を受賞し、大宅《おおや》壮一《そういち》ノンフィクション賞候補にもなりました。共同通信で発信した記事も、新聞労連の「人権を守り、報道への信頼増進に寄与する報道」として疋田《ひきた》桂一郎《けいいちろう》賞を受賞するほど、高い評価を得てきました。

ですが、ある日突然、石川さんは共同通信をクビになります。会社の幹部から「君は共同通信が求める記者の水準に達していません」と説明され、さらに『いじめの聖域』の重版（増刷）を禁止、今回の経緯を公表するのも禁止で、逆らえば懲戒処分です。

なぜ急に状況が変わったのか。原因は、石川さんが本の中で地元新聞の報道姿勢を批判したからです。

共同通信にとって、地元新聞は経営の運営費用を払っているオーナー企業の1つで、大事な取引先でもあります。**地元新聞から抗議を受けた共同通信は、報道の賞を受賞した記者をクビにする道を選びました。**

石川さんは、文藝春秋の「文春オンライン」でこう書いています。

「報道機関への信頼は揺らぎ、新聞の発行部数は激減しています。読者は忖度や自主規制を望んでいません。求められているのは権力からの独立性です。言論の自由を守り、報道機関の在り方を世に問うことが、訴訟を起こした目的です」（『「報道機関が金主に忖度しても良いのだろうか」私が古巣・共同通信を提訴した理由』より／https://bunshun.jp/

articles/-/64615)

本が持つ「自由の力」

もし本を出版しなければ、石川さんは職を失うことはありませんでした。しかし、ていねいな取材と資料集めによって、亡くなった学生と遺族が受けた理不尽さ、関係者の対応の問題点を世の中に広く問いかけることができたのです。

情報を伝える早さは、ネットがいちばん早く、次に新聞、雑誌、最後は本になります。新聞や雑誌は、新しい情報をコンパクトに知ることができます。しかし、掲載するスペースが限られるため、どうしてもすべての情報を盛り込むことはできません。

本は発行するまでに時間がかかるため、最新情報を載せるのは苦手です。でも、時間をかけて裏づけを取ることで内容の深みが増し、情報の信頼度は高くなります。情報量も圧倒的に多いです。

また、**本は、ほかのメディアに比べて忖度を避けることが可能**です。今回の石川さんの出版も、文藝春秋と個人で交わした契約でした。

組織の中では、しがらみで発言できないことも、本という形では表現できる可能性があります。

もし、社会的な問題を調べる場合は、その後に発表された本も大事な情報源の1つなので確認するといいでしょう。

ちなみに石川陽一さんは現在、新たに東洋経済新報社に移籍し、記者として第一線で活躍しています。

情報収集は「知っていそうな」を選ぶことから始まる

知っていそうな人に聞くのが当たり前

質問です。あなたは今、京都にいます。路地裏にある小さなカフェに行きたいのですが、スマホで地図を見ても場所がよくわかりません。次の内、誰に道を聞きますか？

A　海外の観光客
B　地元の人
C　最寄り駅の駅員さん

私ならBを選びます。

まず、知っている可能性がいちばん低いのは海外の観光客でしょう。最寄り駅の駅員さんは電車やバス、有名な観光地の場所は教えてくれますが、駅から離れたお店や道までは詳しくなさそうです。

そうなると、地元の人に聞くのがいい気がします。お店の名前は聞いたことがなくても、路地の場所なら正確に教えてくれそう。私も京都の三条に住んでいたころ、よく道を聞かれました。

けれど、ふだん誰かに質問するとき、ここまで深く考えませんよね？

私たちは人から情報を聞き出すとき、無意識に「情報を知っていそうな人・場所」を選ぶことができます。

おそらく、この感覚は誰かに教えられたものではありません。人間の社会で生きてきた経験です。いろんな人に質問し、トライ&エラーを繰り返しながら身につけたもの。きっと、経験の少ない小さな子どもでは、誰に聞けばいいか迷ってしまうはずです。

道だけでなく、私たちは日常のいろんなシーンで人に質問します。

たとえば「次のテストの範囲はどこだっけ?」となったとき、誰に聞きますか？

まず、勉強嫌いの人は選ばないですよね。ちゃんと勉強している人のほうが、正確な範囲を知っていそうですから。その中でも、嘘をついたり意地悪したりしそうな人は避けると思います。これは仕事でも同じです。

「知っていそうな人・場所に聞く」という感覚は、相手がネットや本でも役に立ちます。

ただ1つ気をつけたいのは「知っていそう」（仮定）であって「知っているはず」（断定）ではないという点です。「知っているはず」と思い込んで聞くと、間違った情報を無理にでも信じたくなる心理状態（バイアス）になります。あくまで仮定として、調べる範囲の的を絞るだけです。

とくに私たちは、ネットが相手だと情報を聞き出すのに慣れていません。いつも人に対して使っている「知っていそう」の感覚が鈍ります。Googleが誕生したのは1998年とつい最近で、まだつき合いが浅いからです。

ネットで情報収集するときは「もしリアルで道に迷っているなら誰に聞く？」と想像してみてください。誰が信頼できる情報源か、見極めやすくなると思います。

特定のテーマなら専門図書館・大学図書館へ

「知っていそうな人・場所」と言えば、専門家と研究機関です。図書館の場合、専門図書館と大学図書館になります。

この2つの図書館は、所属する団体と大学が研究する分野の資料を集中して集めています。

ですから、特定のテーマについて調べている人にとっては、役に立つでしょう。たとえば、食文化についてなら、企業の味の素が運営する「食の文化ライブラリー」。経済なら経済学部がある大学という感じです。

ただ、全国にある公共図書館と違って、どうしても都市部に集中しがち。貸出不可や有料など利用条件がありります。とはいえ、旅行のついでに立ち寄るのも楽しそうです。ある大学の先生は出張の度に、必ずその地域の大学図書館を見てまわる趣味があり、よく紹介状を作ってあげました。

突然ノーアポで行くと利用できないことも多いので、まずはホームページや問い合わせで確認してくださいね。

専門図書館の特徴

・企業、団体、研究機関、国際機関の図書館
・非売品のもの（パンフレット、ポスター、昔の資料など）も豊富
・司書に調べ方を相談できる
・資料は書庫にあるため、司書に言って出してもらう形式（閉架）が多い
・ホームページで本の検索ができる
・コレクションの画像がホームページに公開されている

【利用方法】
・ホームページの「利用案内」を必ず確認する（入館料、開館日など）
・予約が必要な場合もある

【場所の調べ方】
・『課題解決のための専門図書館ガイドブック』（専門図書館協議会私立図書館小委員会編、

読書工房）

・『専門情報機関総覧２０１８』（専門図書館協議会）

・カーリル　専門図書館リスト（https://calil.jp/library/special）

・ディープライブラリープロジェクト（https://dlib.jp）

これらの本やサイトには載っていない図書館（図書室）もあるので、Googleと両方で調べてください。「調べたいテーマ　図書館」「施設名（美術館など）　図書館」で検索するといいです。わからなかったら公共図書館に相談しましょう。

【例】

国立天文台図書室、野球殿堂博物館図書室、鉄道博物館ライブラリー、神戸ファッション美術館ライブラリー、池田文庫（宝塚歌劇）など

大学図書館の特徴

・資料のジャンルは学部学科に関するもの

・司書には相談できない場合が多い（学生・教員限定のサービスのため）

・専門的な学術書が豊富
・ホームページで本の検索ができる
・貴重書の画像がホームページに公開されている

【利用方法】

・ホームページの「学外（一般）の方へ」を必ず確認する（紹介状が必要な場合がある）
・学生以外の人で紹介状が必要なときは、登録している公共図書館で発行してもらう
・大学生で他大学の図書館に行きたいときは、まず自分の大学図書館に相談する
・試験期間中などの理由で利用できない日がある

【場所の調べ方】

・カーリル　大学図書館リスト（https://calil.jp/library/univ）
・CiNii Books（https://ci.nii.ac.jp/books/）

Googleで「調べたいテーマ　大学図書館　地名」「学部（学科）　大学図書館　地名」「大学名　図書館」と検索することも有用です。また、大学図書館の探し方は第5章に

も載っているので参考に。

【例】

・京都国際マンガミュージアム（京都精華大学）

京都精華大学は日本初のマンガ学科ができた大学です。現在もマンガ学部があるのはここだけ。大学図書館とは別に、マンガを専門に集めた図書館＋博物館の「京都国際マンガミュージアム」を運営しています。集められたマンガは30万点。観光地として国内外から人気です。

じつは私も卒業生なのですが、当時、大学図書館にあったマンガに夢中になって、危うく単位を落としそうになりました……。

情報には浅瀬と深海がある（表層ウェブと深層ウェブ）

タイタニックの悲劇、ふたたび

世界一有名な沈没船といえば、タイタニック号です。2023年6月、この海底に眠る豪華客船を巡って、まるで映画のような出来事が起きました。

深海に潜ってタイタニック号の残骸《ざんがい》を観光するツアー（費用は1人3600万円！）で、億万長者と深海探検家たち5人を乗せた潜水艇タイタンが、水深4000メートルで大破したのです。

4000メートルは富士山がすっぽり入る深さ。水圧は指先にグランドピアノを置いているような状態です。改めて海は恐ろしく、神秘的な場所だと感じるニュースでした。

地球上の7割は海ですが、じつはその内の98%が深海です。もっとも深い場所は太平洋のマリアナ海溝1万920メートルでエベレスト以上。私たちが海水浴で行くような浅瀬は、海のほんの一部なのです。

情報の海

海は情報の世界にもあります。インターネットです。前に情報は水系の言葉にたとえられることが多いと話しました。ネットの場合は「情報の海」とよく呼ばれています。実際、情報の海と本物の海はよく似ています。同じように浅瀬と深海があるのです。

【浅瀬：表層ウェブ（サーフェイスウェブ surface web）】

表層ウェブとは、一般のインターネット上に公開されている誰でもアクセス可能なWebサイトのこと。つまりInstagramやYahoo!ニュースなど、いつもスマホやパソコンで見ている情報です。

知っている方も多いと思いますが、Googleはクローラと呼ばれるロボット（サーバ上のソフトウェア）が、世界中のWebを巡回してページ情報を集めていきます。それをランキング順に並べ替えたものが検索結果です。

とくに、上位ほどクリックされやすい傾向があります。1位と2位のクリック率の差は約2倍。ですから、**自分の意思で情報を選んでいるつもりでも、一方では少し選ばされている**感じがします。

Google側もよかれと思って、私たちが必要な情報を見つけやすいようにランキングしているとは思いますが……。そんな膨大な情報量の表層ウェブも、じつはアメリカのCNNによると、インターネットのたった1％なのです。

【深海：深層ウェブ（ディープウェブ deep web）】

つまり情報の海インターネットの99％は、深海「深層ウェブ」です。まるで本物の海のようですね。深層ウェブは、Googleで検索しても結果に出てこないWebサイトのことです。個別にログインが必要で特定の人しか見られません。

つい「Googleで検索すれば何でもわかる」と信じられがちですが、**本当はGoogleだけでは探せない情報のほうが圧倒的に多い**のです。それを知っているか、知っていないかでは情報収集に大きな差が表れます。

この深層ウェブにあるのが、有益な情報を集めた信頼性の高いサイト（データベース）だからです。図書館ではこのデータベースも使えるため、普通の検索では探せないような大事な情報を、ほかの人より早く手に入れることができます。

深海は、知っている人しかたどり着けない特別な場所なのです。

【図書館で使えるデータベースの例】

・新聞（日経テレコン、朝日新聞クロスサーチ、中日新聞・東京新聞記事データベースなど）
・雑誌（ざっさくプラス、MagazinePlus、Web OYA-bunko）
・医療情報（医中誌Web）
・法令、判例（D1-Law.com、TKCローライブラリー）

浅瀬か深海か、本気度で使い分ける

「Googleだけで別に十分だし」と思った方、おっしゃるとおり。私もそう思います。

ポイントは時と場合によって、浅瀬と深海を使い分けることです。使い分ける基準は「本気度」です。

たとえばレストランを検索するとき。1人でランチを食べるなら、食べログとかで軽く調べて、自分の好きなものを選べばいいので気楽です。

次に、もし友だちと一緒だったらどうでしょう。1人のときより少し深く調べますよね。まだ相手と知り合ってから日が浅いなら、さらに気を使います。

では、結婚式の会場を決めるとなると、どうでしょうか。まさかグルメサイトを見ただけで即決する人なんていないですよね、たぶん。結婚式の王道雑誌ゼクシィを読んだり、実際に会場に行ってみて試食したり、めちゃくちゃ悩んだ末に決めると思います。

これらの違いは「失敗できない」「責任がある」「お金がかかる」「よいものを選びたい」のような想いの強さです。つまり情報に対する本気度の度合い。

ちなみに私の場合は、今この本を書くために百科事典データベース「ジャパンナレッジ」を使って言葉を調べています。それだけ本気だからです。できるだけ間違いのないように、少しでも読んでくださっている方の役に立てるように願って書いています。

もし失敗できない仕事、叶えたい夢、慎重に選ぶべき選択に迫られているなら、浅瀬から深海へ潜ってみましょう。そこに宝物が見つかるかもしれません。

深い情報収集が必要な場面①
心を揺さぶられたとき

映画に感動したら原作に！「推し活」で原作を読む

面白い、楽しい、悲しい、怖い……。

映画やドラマ、アニメを見て、心が揺さぶられた経験はありませんか？

好きな作品に出会ったときの楽しみ方や推し活の形は、人それぞれだと思います。グッズを買う、感想をSNSに投稿する、絵を描く、友だちに話す、聖地巡礼に行く。

私がおすすめしたいのは図書館を使った推し活です。

最近は、マンガや小説の映像化が当たり前になってきましたね。もし好きな映画やアニメに原作がある場合は、その本を図書館で借りてみましょう。映像を先に見ているのでイメージしやすく、とても読みやすいですよ。とくに本を読むのが苦手な人にはピッタリです。

原作を探す際には、まず原作のタイトルを特定します。映画やアニメのタイトルと原作のタイトルは同じことが多いですが、たまに違うときもあるので注意が必要です。

本のタイトルがわかったら、地元の図書館に置いているか確認します。図書館ホームページの蔵書検索（ＯＰＡＣ）にタイトルを入力して検索。もしなければ、ほかの図書館から取り寄せてもらいましょう。

原作の情報は次のサイトで調べられます。原作名がわからないとき、面白そうな作品を新しく見つけたいときは、ぜひ参考にしてください。

【潮来《いたこ》市立図書館（茨城県）「映画・ドラマ原作本」】

対象：映画化、ドラマ化

期間：映画は２００９年〜、ドラマは２０１１年〜

公共図書館の潮来市立図書館のサイトは、その時点での最新情報だけでなく、過去に上映・放送された作品まで載っているので貴重な情報源です。

内容もとても充実していて、原作の本の情報はもちろん、映画とドラマのあらすじと詳しい内容（出演者、公開時期、放送時間、公式サイト）まで知ることができます。原作を探すほか、過去のドラマや映画の情報を知りたいときにも役立ちそうです（https://lib.itako.ed.jp/）。

【ブックオフ「映画・ドラマ・アニメメディア化」】

対象：映画化、ドラマ化、アニメ化
期間：その時点での最新情報～公開予定

ブックオフが運営するサイトで、情報は今期の最新情報のみ。過去の作品はありません。その代わり「映画化（ドラマ化・アニメ化）決定作品」が充実しています。公開日未定の作品まで載っているので、次に何が映像化されるのか先取りして知ることができます。アニメ化のページがあるのが特徴。マンガの情報も豊富です（https://shopping.bookoff.co.jp/feature/media/movie）。

【ブックオフ「映像化ミステリー小説」】

対象：映画化、ドラマ化、アニメ化

期間：2021年〜、一部の過去作品

これもブックオフのサイトですが、映像化の中でもミステリー作品に絞っています。「警察×ミステリー」「探偵×ミステリー」とテーマに沿って分けてあるので、好みの作品を見つけやすいです（https://shopping.bookoff.co.jp/book/feature/media-mystery）。

「魔法使い」と「ホラーの帝王」

映画『ハリー・ポッター』の原作を読んだことがありますか？

もちろん、映画だけでも十分に面白いのですが、じつはストーリーの一部が省略されています。映画は時間と予算の制限があるため、どうしても作品の細かい設定までは再現できません。**原作を読んだ人しか知らない情報がたくさんあります。**

たとえば、ホグワーツの食堂のテーブルは料理が勝手に出てきますが、その仕組みはどうなっているのか。ダイアゴン横丁の路地の奥にはいったい何があるのか。キャラクターたちのクセや「意外と性格悪いな」と思う一面があったりもします。

原作を読んでみると、魔法の世界がさらに広がります。ＵＳＪのハリー・ポッターエリアに行くときも、原作の知識があったほうが楽しさも増すでしょう。

また、**とくにホラー映画は、原作のほうが怖いことが多い**です。

代表的なのが、2024年に作家デビュー50周年を迎えるホラーの帝王、スティーブン・キング。彼の小説はすでに100本近くも映画・ドラマ化されています。ホラーなら『IT／イット』『シャイニング』『ミザリー』、ホラー以外なら『グリーンマイル』『ショーシャンクの空に』などが有名です。

自分でドラマなどの脚本を書くことも多く「本を読まない人にも大々的に僕の小説を紹介できる」と映像化に積極的です。けれど、やっぱり映像より小説のほうが怖いと評判です。もし映画を見て怖かった人は、小説を読むともっと怖い体験ができますよ。

関連本で沼へハマる

原作に限らず、さらに関連する本も一緒に読んでみるといいでしょう。作品の世界をもっと深く楽しめるようになります。

ゲーム・アニメ『刀剣乱舞』はわかりやすい例です。作品のブームをきっかけに、刀剣に関心を持つ人が爆発的に増えました。それまで、刀剣のファンは高齢の男性が中心でしたが、『刀剣乱舞』の人気で状況が一変。刀剣の美術館は女性であふれています。

ある展覧会では、経済効果はなんと4億円。しかも軽い感じではなくて熱心で、みんな真剣な表情で単眼鏡（美術品を見るルーペみたいなもの）を使って見ている人ばかり。はじめはキャラクターが好きだった人が、作品の影響で日本刀の魅力にハマり、専門書を読んで勉強するようになったそうです。今でも関連の本や雑誌が次々と発売されています。

ほかにも、たとえば『呪術廻戦《じゅじゅつかいせん》』（芥見下々、集英社）は、呪《のろ》いや怨霊《おんりょう》がテーマです。もし『呪術廻戦』にハマっているなら、陰陽師《おんみょうじ》や呪術の本を読んでみると面白いですよ。怨霊についてなら、民俗学者の小松和彦《こまつかずひこ》さんの本が詳しいのでおすすめです。**なかなか専門的な本を自分で買うのは勇気がいります。そんなときは図書館を使うといいですよ。**試しに読んで、もし手元に残したい本だったら書店で購入しましょう。図書館も本も、勉強だけのものではありません。好きなアニメやマンガ、映画、ドラマをもっと楽しみたい人のための、推し活の一つなのです。

深い情報収集が必要な場面②
新しいことにチャレンジするとき

就職をサポートする図書館

第1章で、ニホンミツバチが巣を引っ越しするとき、候補地を情報収集して慎重に決定するという話をしました。ミツバチにとって、新しい巣に移動することは、生死に関わる大きなチャレンジだからです。

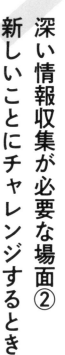

私たち人間の場合は、就職や転職が同じ状況だと思います。生死とまではいかなくても、仕事を見つけることは生活に関わることです。ミツバチと同じように、情報を集めて慎重に決めなければいけません。

大学生にとって、就活は今まで体験したことがないチャレンジです。新しいことをするのは誰だって怖いもの。でも、もし一緒に立ち向かってくれる人、サポートしてくれる人がいれば、はじめの一歩も踏み出しやすいですよね。私が働く大学図書館では、キャリアサポートセンター（就活の専門家）と連携し、学生の就活を支援しています。同じように、公共図書館でも就職のサポートをしています。もちろん学生だけでなく、仕事を探している人すべてが対象です。

【公共図書館の就職支援の例】

- 仕事選びや資格試験に役立つ本を集めた「就職コーナー」の設置
- ハローワークの求人票を置く
- 職務経歴書の書き方など就職の講座や、就職の専門家との相談会を開催する

自分に合った仕事とは？

漠然と就職の情報を集めるよりも、調べるポイントを絞ってから図書館に行ったほうが効果的です。まずは「自分に合った仕事」とは何かを考えてみましょう。

次ページの図を見てください。これは天職を見つけるための発想法の「キャリアアンカー」または「WCM（Will、Can、Must）」といいます。

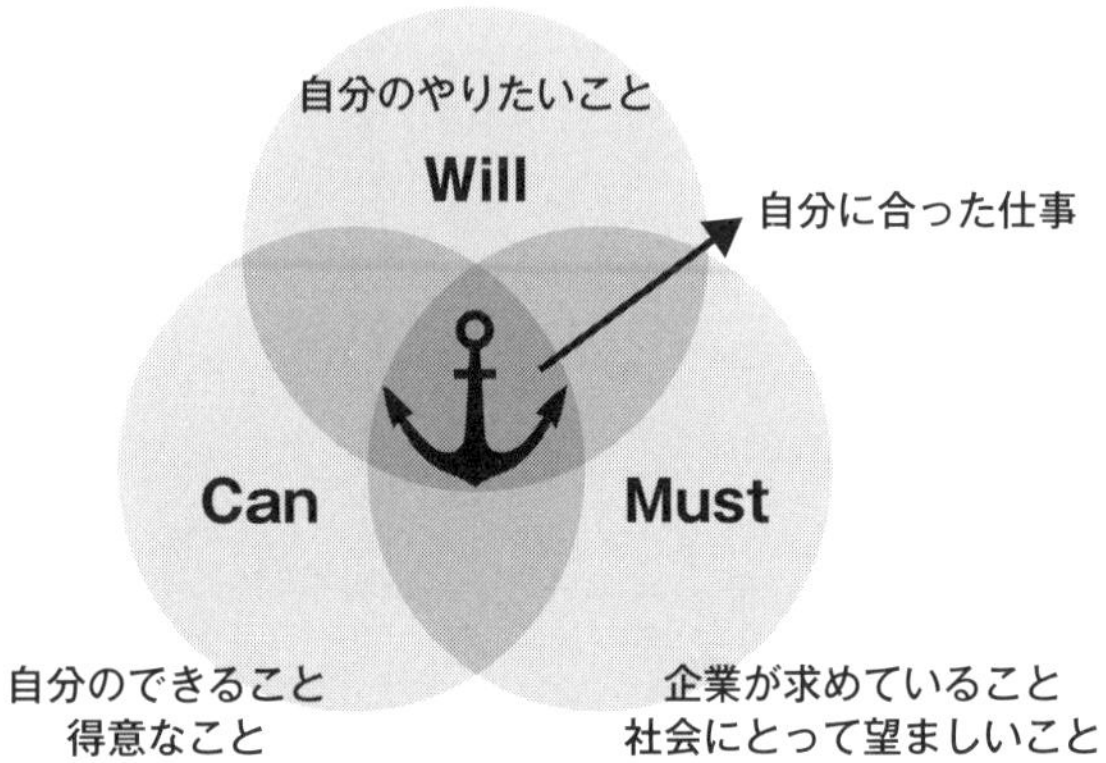

アンカーとは船の錨《いかり》のこと。社会という大海原に嵐が来ても、自分の船が揺るがないためには、錨（自分の軸）が必要になります。働く理由は人それぞれです。変えられない制限もあるでしょう。それでも、より楽しい人生を歩みたいと願うなら、自分で仕事をデザインするしかありません。

受け身で誰かにやらされるものではなく、自分で選択するもの。それがキャリアアンカーの考え方です。自分に合った仕事とは「自分のやりたいこと」「自分のできること（得意なこと）」「社会・企業が求めていること」が交わったものです。就職の情報収集は、この3つのポイントを意識して集めましょう。

自分を知る（自己分析）

「自分のやりたいこと」「自分のできること（得意なこと）」は何でしょうか？

難しく考えなくても大丈夫、つまり自分の好きなモノ・コトです。

思い浮かばなければ、過去を振り返ってみて、やりがいを感じたことなどを書き出します。得意なことは、周囲の親しい人に聞いてみるのもいいでしょう。案外、自分では気づかなかった特技が見つかるかもしれません。

とくに本は、自分を知るために効果的です。もし好きなものがゲームなら、図書館でゲームの本を探してみてください。ゲームと言っても、プログラミング、プランナー、音楽、デザインなど、いろんな分野があることに気づきます。その中から関心のある分野を選びましょう。とくに仕事のリアルな様子を書いた本がおすすめです。

たとえばプランナーなら『プロフェッショナルゲームプランナー　ゲームづくりの現場の教科書』（藤井厚志、技術評論社）などです。

本はネットよりも、内容が詳しくて情報も正確です。読んでみて、どんな点が面白く感じたか、逆に自分には合わないと感じたかをチェックしましょう。

自分のやりたいこと・できることが見えてきます。自己分析は、自分の働いている姿を具体的にイメージすることが目標です。

企業を知る（業界選び、企業研究）

次は業界と企業について調べます。就活の情報収集で学生にすすめているのが、ビジネス雑誌、業界地図、会社四季報、日本経済新聞、専門紙（業界紙）です。

ビジネス雑誌は幅広い業界のトレンドがわかり、大手ではないけれど優良な企業が載っているので、あまり知られていない企業を見つけるきっかけになります。

専門紙（業界紙）は、農業新聞や工業新聞など、業界が発行している新聞です。一般的な新聞や雑誌、ネットニュースにも出てこないような、業界の細かい情報が載っているのが特徴です。企業の取り組みに関する記事も多いので、企業選びにも役立ちます。

図書館ではデータベースも契約しているので、新聞や雑誌はネット上でも読むことができます。調べたい企業名や業界、商品などのキーワードで記事を検索することもできるので便利です。毎日・毎月継続して読むなら紙、ピンポイントの言葉で記事を探すならデータベースというふうに使い分けるのもいいでしょう。

自己分析は自分の気持ちが中心の「主観」でしたが、業界や企業の研究は「客観」なので大きく違います。企業の情報を好き・嫌いで判断すると見誤ります。あくまで「企業はどんな人材を求めているか」を知るのが目的です。クールに事実を集めるように心がけましょう。

就活生より働く大人に必要な問い

「どんな仕事がしたい？」「何のために働くの？」は、就活中の学生がよく聞かれる質問です。多くの学生がすぐには答えられません。初めての仕事探しなら当然でしょう。

では、現役で働いている大人はちゃんと答えられるでしょうか？

いいえ、即答できる人は少ないでしょう。今の仕事をしている理由や今後のビジョンまで語れるような人は稀《まれ》だと思います。なんとなく通勤して、仕事を淡々とする日々が過ぎていく。どこか満たされない気持ちがあっても、気づかないふりをする。

子どもたちから見て、働く大人たちは楽しそうな表情をしているでしょうか。

自分の働く意味を確認しないといけないのは就活生だけではありません。私を含めた現役の働く大人たちにとっても必要な問いだと思います。

深い情報収集が必要な場面③
企画のアイデアを生みだすとき

「そのアイデア」はすでに誰かが使っている？

質問です。次の映画には「●のなかのモンスター」という共通点があります。●にはどんな言葉が入るでしょうか？

『バイオハザード』『呪怨』『リング』『ジョーズ』『ジュラシック・パーク』『エイリアン』

答えは「密室（家）」です。要するに逃げ場のない場所。

『バイオハザード』はラクーンシティ、『呪怨』『リング』は家、『ジョーズ』は海、『ジュラシック・パーク』は島、『エイリアン』は宇宙船でした。密室とモンスターを組み合わせると、ハラハラドキドキの怖い映画ができ上がるのです。

個人的には『バイオハザード』は1、2作目以外はあまり怖く感じません。理由を考えてみると、1、2作目は舞台が研究所と閉鎖された町、密室×モンスターの典型でした。

でも、3作目以降は舞台が世界に変わって、密室ではなくなりました。そのせいかもしれないと、映画好きの私は勝手に分析しています。

ハリウッド映画の秘密

じつはハリウッド映画は、10種類のパターンで作られています。ハリウッドの人気脚本家ブレイク・スナイダーの著書『SAVE THE CAT の法則 本当に売れる脚本術』（フィルムアート社）によると「家のなかのモンスター」「人生の節目」「バディ（相棒）との友情」「スーパーヒーロー」「魔法のランプ」「難題に直面した平凡な奴」などです。この本は、漫画家や小説家を目指している人にもよく読まれています。

パターンどおりに作るなんて、まるで手抜きやパクリみたいだと思う人がいるかもしれません。でも著者によると、**すぐれた監督や脚本家ほど、自分の作品が誰のどの作品に影響を受けているのか、即答できる**そうです。

逆に経験の浅い人ほど「自分の作品はオリジナルで斬新」と断言します。

実際にはすでに同じような作品があって、本人が知らないだけです。過去の作品を調べていない時点で、そんな監督や脚本家はダメだと著者は言っています。

これは、テレビの世界でも同じです。1986年から続くTBSの長寿番組『世界ふしぎ発見！』の放送作家・石田《いしだ》章洋《あきひろ》さんの著書『企画は、ひと言。』（日経BP）で、ダメなアイデアについて書いています。

テレビ番組は、放送作家が考えた企画をもとに作られます。企画会議で案を選ぶとき、**放送作家が「尖ったアイデア」と言って提出した企画は、実現不可能なものや、過去の他番組とそっくりなことが多い**そうです。もちろん企画は却下されます。

映画の話と同じで、過去の作品を調査・研究しないで、アイデアを出そうとするのは無理ということです。

アイデアは「組み合わせて」作るもの

『アイデアのつくり方』（ジェームス・W・ヤング、CCCメディアハウス）は、国内外の広告クリエイターのバイブルと言われています。

とても薄い本なのですが、アイデアを生み出す原理がしっかりとまとめられています。広告業界や思考法に興味がある人にはおすすめです。

この本の中でも有名なのが、次の一文です。

「アイデアとは既存の要素の新しい組み合わせ以外の何ものでもない」

アイデアは無から生み出すのではなく、もともとあるもの（要素）の新しい組み合わせなのです。

映画の10種類のパターンを思い出してください。たとえば「バディ（相棒）との友情」は、『ドラえもん』のドラえもん×のび太、『アナと雪の女王』のアナ×エルサ、『東海道中膝栗毛《とうかいどうちゅうひざくりげ》』の弥次さん×喜多さんが当てはまります。

内容は全然違う話でも根っこにあるパターンは同じ。そこに組み合わせる要素によって、アイデアは無限に広がっていくのです。

ポイントは「ありそうでなかった」を狙いましょう。まったく見たことがない未知のものより、馴染みのあるもののほうが人々も受け入れやすいからです。

たとえば『ハリー・ポッター』は学校×魔法、『呪術廻戦』は学校×呪術の組み合わせです。学校の物語は昔から恋愛や友情で馴染みのあるジャンルですが、魔法や呪術が合わさると新鮮に感じます。

よく考えてみると、世の中でヒットしている商品やサービスは、ありそうでなかった組み合わせにあふれていると気づくでしょう。

図書館でアイデアの要素を集める

組み合わせる要素を見つけるには、情報収集しかありません。たとえば、第1章で紹介した町歩きツアーの「まいまい京都」は、組み合わせた要素が新しくて独特です。

【町歩き×要素の例】

・パン屋、コーヒー、狛犬、古墳、妖怪、地形、庭、森林、鉄道、企業、レトロ建築など

この要素はどこから見つけたかというと、本や学術論文です。一般的な町歩きでは、

案内する場所を決めてからガイドを探します。

一方「まいまい京都」は、ガイドを見つけるのが先。運営のスタッフが本や学術論文などを読んで、面白いことを書いている人を見つけます。それから、その著者の研究テーマをベースに企画が立てられるのです。

だからガイドには建築家、工芸品の職人、庭師、僧侶など、町歩きには珍しい経歴の人ばかり。要素が独特でバラバラなのも納得です。

多くの人がアイデアを出すときにネットで探しますが、自分が見ている情報はほかのライバルも見ている情報なので、差別化できません。また、どうしても自分の興味の範囲にかたよってしまいます。

図書館を使うと、幅広いジャンルの本や雑誌、新聞があるので、思いつかなかった分野の情報も見つけられます。本棚のあいだをぶらぶら歩くだけでも発見がありますよ。とくに自分が好きではない、関心が低いジャンルの棚を見るといいでしょう。

図書館なら気軽に手に取って、もし必要なければ棚に戻すだけで済みます。大事なのは、できるだけ広い世界に興味を持つことです。

『アイデアのつくり方』にも「要素が多くなればなるほど、新しい目のさめるような組み合わせ、即ちアイデアが生まれるチャンスもそれだけ多くなる」などと書いてあります。

レポートや論文を書くとき、あるいは企画書を書くときなど、なかなかアイデアが出てこないときには、ぜひ図書館に足を運んでみてください。

第3章

自分に合った本を手に入れよう

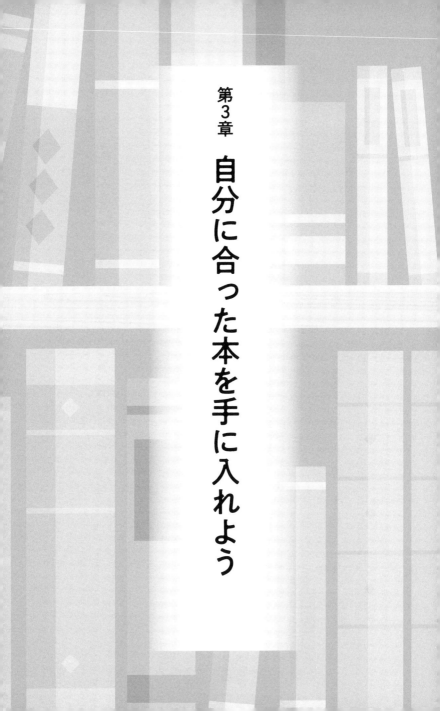

自分を「読書が苦手」と責めなくていい

本を読むのが苦手な司書もいる

「本を読むの、苦手なんです」

課題の本を図書館に借りに来た学生が、カウンターにいる私にポロッと本音をこぼす瞬間があります。みんな恥ずかしそうな、どこか後ろめたい表情で。

じつは、私も本を読むのが苦手です。だから正直に「私も苦手。本を読むのって、しんどいですよね」と答えると、学生は必ず「え!?」と驚いた後、すごくホッとした明るい表情に変わるのです。きっと司書なら「読書は大事だからがんばろう」とか「読書は楽しいよ」と言うと思っていたところ、私が真逆の反応で意外だったのでしょう。

「読書が苦手」と笑いながら話す学生は、今まで1人もいませんでした。むしろ苦手な自分を責めて、恥だと思っているのを表情と声から感じます。

「本を読むのが遅い」「内容を理解できない」「積読《つんどく》してしまう」など、読書に対し、何かしら自己嫌悪を抱えている方々にお伝えしたいのは、「読書は苦手でいい。本を好きにならなくていい。積読も悪くない」ということ。どうか自分を責めないでください。

苦手なことは誰にでもある

世界的なファッションデザイナーのポール・スミスを知っていますか？

一般的にファッションデザイナーと言えば、洋服のデザイン画を描くのが仕事です。でも彼は、デザイン画を描きません。ドキュメンタリー映画『ポール・スミス Gentleman Designer』で、**「絵を描くのは得意じゃない。ほかのデザイナーと違ってね。だから言葉で伝えていくんだ」**と話しています。

走るのが遅い、歌が下手、人前で話すと緊張するなど、誰にでも苦手なことはあります。読書も同じです。

でも、なぜか読む・書くについては、できて当たり前のことだと世の中では思われがち。そのせいで「ディスレクシア（生まれつき文字をうまく書けない・読めない学習障害）」の当事者は悩みを相談しにくい状況になります。

映画監督のスティーブン・スピルバーグ、俳優のトム・クルーズらも、ディスレクシアです。つらい思いをしたこともありますが、録音読書で学習するなど、文字を読む工夫を続けてきました。


自分の長所を最大限に伸ばした結果、今の活躍につながったのです。


世の中で当たり前と思われていることから、自分がズレてしまったとき、劣等感や疎外感を覚えるし、自己嫌悪で苦しくなります。

でも、世の中の当たり前が、必ずしも当たり前とは限りません。不得意なことも個性です。だから読書が苦手だからといって、自分を責める必要はないのです。読書が苦手な人には、苦手なりの本の選び方・読み方があります。

好きなものは人によって違う

活字が好きでたまらない、毎日本を読むのが当たり前という人がいます。

司書は当然といえば当然ですが、本が好きな人たちばかりです。本を毎日1、2冊読み終える同僚がいます。それに比べて私は、毎日1、2本は必ず映画は見るのですが、本はまったく読まない月も珍しくありません。

仕事で必要に迫られたときや、知りたいことがあるときは猛烈に読みますが、それ以外は本を読む時間があるなら映画を見ていたいです。そんな自分は司書に向いていない、司書をする資格がないとずっと考えてきました。

読書が苦手な人が自分を責めてしまうのは「本好きはいいこと、本好きであるべき」と思っているからです。だから、本を好きになれない自分に、マイナス点をつけて責めてしまうのだと思います。

でも、**本好きであるべきなんて決まりはない**のです。好きなものは人それぞれ違います。走るのが好きな人は、ランニングやフルマラソンを楽しいと感じますが、走るのが嫌いな人にとっては体育のマラソンやリレーはまるで苦行です。

走るのが速いのは特技ですが、誰もが速く走れるべきだ、とはなりません。けれど、なぜか読み・書きに関しては、上手であるべきだ、という世間からのプレッシャーが強いように感じます。それでも、無理に本を好きになろうとしなくても大丈夫です。

本よりスポーツが好き、ゲームが好き。そんな自分の好きを大切にしてください。

本は道具、読書は目的を叶える手段

走るのが大嫌いな人でも、通勤や通学の電車に乗り遅れそうなときは、階段を駆け上って猛ダッシュしますよね。走りたくないとか考えずに、無意識に体が動きます。学校や会社に遅れたくない、という強い目的があるからです。

読書も、この〝遅刻しそうなときの猛ダッシュ〟と同じようなもの。読書は目的ではなく、夢や目標を叶えたり、悩みを解決したりするための手段です。

自分の大事な目的のために本を道具として使ってください。

ただし、もし運動不足すぎると、電車が目の前に来ていても、足がもつれて間に合いませんよね。いざ走るときにも最低限の筋力は必要です。

読書も同様で、いざ必要に迫られたときに本を読み始めても、なかなか慣れていないなと大変です。できれば、そんなしんどい思いをしたくないですよね。**読むための筋力「読書筋」を筋トレで鍛えるイメージで、少しずつ本に慣れていきましょう。**

「読書は苦手だし、本も好きじゃないけど、必要なときがきたら一応は読める」それで十分なのです。

本は「好き」「知りたい」で選んでいい

読書が苦手な人は、どうやって本に慣れたらいい？

結論から言うと「自分の好きなもの・知りたいことのために、本を読む」です。「そんな当たり前のこと？」と思う人も多いかもしれませんね。けれど、10年以上大学生を見ていると当たり前でもないのです。

もし学校の先生から「図書館にある本の中から、何でもいいので好きなものを1冊選んでください」と言われたとします。あなたならどうしますか？

A「どの本にしようかな」と、ワクワクしながら本棚を歩き回って探し始める

B「何を選べばいいかわからない」とプレッシャーを感じて本棚の前で固まる

本好きの人や読書に慣れている人はAでしょう。一方、読書が苦手な人や本に慣れていない人はBだと思います。

大学図書館では毎年春に、新入生を対象にした図書館の説明会があります。そのとき先生から「好きな本を1冊選ぶ」という指示が出るのですが、明らかに学生のあいだでAとBに行動が分かれます。しかもBのほうが圧倒的に多いのです。

本棚の前で、不穏な空気を出している学生たちに「何かお探しですか?」と声を掛けると「何を選んだらいいかわからない」と途方に暮れた様子で言います。

私は、それがいつも不思議でした。何でも好きな本を選んでいいのなら、自分の好きなジャンルで、しかも読みやすそうな本を適当に選んだらいいのに、と。

「自分の趣味とか興味のあることを選んだらいいと思いますよ。野球が好きなら野球の本、お金に興味があるならお金の本とか。自分の好きなものを基準に本を選んでも大丈夫ですよ」

私がそう伝えると、学生たちは初めて知ったというふうに「あ、たしかに。それでいいのか」と言って、興味のあるジャンルの本棚へ行って本を見つけてきます。これが毎年のパターンです。

本選びに失敗はないし、非難もされない

食べ物でも音楽でも、自分の好みに合ったものを選ぶのが普通です。もちろん本も自分の好みで選んでいいはず。

でも、読書が苦手な人の場合、本に対してだけ「自分の好きなように選べない・選んではいけない」という無意識の強い思い込みがあるように見えます。だから本を選ぶことに慎重になってしまうのです。

読書が苦手な人ほど「自分の好きなこと」より「何を読むのが正解か・評価されるか」をとても気にしています。

たぶん前に読書について、何か苦い体験があったせいなのかもしれません。でも、それはもう過去のことです。

今この瞬間から、本は自分の「好き」と「知りたい」の基準で選んでいい。何を選んでも失敗ではありませんし、何を選んでも誰かに非難されません。

大学の先生が大量の本を読むのは、仕事のためとはいえ、根本的にその研究分野が好きだからです。作家も本好きの経営者も、本を読む動機は「好き」と「知りたい」です。

「本を読みなさい」と言う側の人たちも、結局は自分が好きな本を読んでいます。

そう考えると、気が楽になるでしょう。読書が苦手な人は、もう無理をして「自分に合わない本でも読むべきだ」なんて気負わなくてもいいのです。

誰かのためではなく、自分のために本を選ぶ

もし、とくに好きなものが思い当たらないのなら、自分の好きな人やあこがれている人が読んでいる本はどうでしょう。

たとえば、米津玄師《よねづけんし》さんの音楽が好きなら、米津さんが読んだ本をSNSやインタビューで見つけることができます。

起業家に興味があるなら『天才読書　世界一の富を築いたマスク、ベゾス、ゲイツが選ぶ100冊』（山崎良兵、日経BP）が詳しいです。

雑誌『ダ・ヴィンチ』（KADOKAWA）ではアイドル、芸人、俳優、声優など芸能人

の読んでいる本がよく紹介されていて、Web版にも「私の愛読書」のページがあります。雑誌のバックナンバーは図書館でチェックしましょう。

知りたいことの本だと、たとえば「最近あまり眠れないな」「ダイエットしたいな」「集中力を上げるにはどうしたらいいか」など、日常でふと思った疑問を解決してくれそうな本を選べばいいのです。

ほかにも、学校や仕事でプレゼンをすることになったら、プレゼンのコツが書いてある本を読めばすぐに効果が出ます。

３年ほど前にテレビで、東京の予約の取れない料理店「賛否両論」の店主で、人気料理人の笠原将弘さんの厨房を見ました。そのとき映されたのは小さな本棚で、料理の本以外に、歴史小説や、江戸時代の食文化に関する学術書が置いてありました。

取材していたアナウンサーが、なぜ小説が置いてあるのか聞くと、本に出てくる江戸時代の料理の描写が、レシピを考案するとき参考になるからだそう。

笠原さんのレシピは、一般家庭にある醤油や味噌といった基本的な調味料でおいしく作れると評判です。その背景には、江戸時代の料理の研究があるのだと、本棚を見てわかりました。

こんなふうに、料理人もレシピのためなら小説や歴史文化の研究書も読みます。

「知りたい」という素直な気持ちに従って本を選べば、新しいアイデアを生み出すことや、悩んでいる問題を解決する手助けになるからです。

だからこそ、誰かのためではなく、ぜひ自分のために本を選びましょう。

キーワードに焦点を合わすと読みやすい

読むスピードが遅いと恥ずかしい？

読書が苦手な人の中には、本を読むスピードが遅いことを、恥ずかしいと感じている人も多いと思います。

ほかの人が月に何冊も読んでいるのに比べて、自分は1冊さえ苦しい。「本をたくさん読みなさい」と言われてがんばってはみるものの、うまくできない。きっと他人より理解力や集中力が劣っているのだろう……。

そんなふうに自分を責めてしまうと、本が恐ろしい存在に見えてきます。読書に拒絶反応を起こすのも無理はありません。ですが、そもそも読書に速さは必要でしょうか？目的を果たすことのほうがずっと大事だと思います。**読書の目的は「好きなもの」を**

深めることや、「知りたいこと」を調べて問題を解決することです。

読むスピードが遅くても、結果的に自分が欲しかった情報を得られれば大成功なのです。ですから読書が苦手な人は、速さを気にしなくても大丈夫です。

それよりも、読むときの〝しんどさ〟を軽くすることを目指しましょう。たとえば、ウォーキングは正しいフォームでおこなうと体の負荷が減って歩きやすくなり、自然にスピードも上がりますよね。本にも同じように、読みやすくなるコツがあります。

本はどこから読んでもいい

本は最初から最後まで順番どおりに読まなければならない、と読書が苦手な人ほど真面目に思い込みがちです。

でも、作家や研究者のような読書のプロたちも、小説は例外ですが、何か情報を探しているときに読む本の場合は、まず目次を見て興味のある部分から読みます。必要ない部分はパラパラと目をとおすだけか、途中でも止めてしまうという人が多いです。

もし本を1冊読み切れない、疲れて途中で挫折してしまうという方は、すべてのページをきちんと読もうとして、がんばりすぎていたのかもしれません。

やる気や集中力のせいではないので、安心してください。

キーワードに焦点を合わせて読む

読書をするとき、1文字ずつていねいに目で追っていませんか？

これも、読書がしんどくなる理由の1つ。

文章は言葉の集まり。たくさんの言葉の中から、自分が探している「好きなもの」「知りたいこと」を探し出すのは大変ですよね。それは、読書のプロたちも同じです。

ですから、**一字一句読むのではなく「好きなもの」「知りたいこと」を短い言葉（キーワード）にして、そのキーワードに焦点を合わせて読む**のです。

まず、キーワードを決めます。数は何個でも大丈夫ですが、3つぐらいが記憶しやすいと思います。必ず短い言葉にしましょう。

そのキーワードを意識しながら、ページ全体を俯瞰《ふかん》で眺めます。すると、自然にキーワードが目に飛び込んでくるようになります。その部分の前後をじっくり読めば、知りたいことがわかるという仕組みです。大事なポイントを素早くつかむことができるので理解力も上がり、結果的に読むスピードも速くなります。

たとえば、私はこの本を書くために、分厚い図書館の歴史の本を何冊も読まなければなりませんでした。ご存じのとおり読書が苦手な私は、その分厚さと文字の細かさを見ただけで「うっ」となります。

私の知りたいことは図書館の歴史の話ではなく、図書館とスパイとの関係性です。

ですから、キーワードを「スパイ」「諜報」「インテリジェンス」にして、焦点を合わせて読んでみると、必要な情報が書いてある行がすぐに見つかりました。

たぶん1行ずつ、一字一句読んでいたら、途中で力尽きていたと思います。おかげで1冊を読み通すことができました。

なんだか難しそうですか？

いいえ、じつはスマホでは普通にできていることなのです。

スマホのように本を「見る」

改めて考えてみると、ネットやSNSで何かを探しているときは、本のように一字一句読んだりしませんよね。スマホの画面をスクロールしていると、興味がある言葉が目に飛び込んできて、自然に指が止まると思います。これは無意識に、キーワードに焦点を合わせて画面を見ているからです。

これを「選択的注意」と言います。脳のフィルター機能が、膨大な情報の中から自分の関心のある情報を自動的にピックアップしてくれるのです。

大勢の人がいる中で自分の名前が呼ばれても、意外と気づきます。彼氏彼女が欲しいと思っていたら、街中やテレビでよくカップルを見かけるようになります。

人間は、自分が見たいものしか見ない「バイアス」を持っていますが、じつは選択的注意が原因です。キーワードに焦点を合わせる読書法は、そんなバイアスと選択的注意を逆手に取って利用しています。

読書が苦手な人は、本のページをスマホのように「見る」といいでしょう。

本は細かく読みすぎても、漠然と読んでいてもうまくいきません。

大事なのは、目的を意識して読むこと。目的を考えてから読むと、理解力も上がり、読むスピードも速くなります。

「どうやって目的をキーワード化すればいいか」については、次の章で説明します。

3つの脳タイプから本を選ぶ

脳タイプとは何か？

「読んでも理解できなかった」

そんな体験がきっかけで、本が苦手になった方も多いのではないでしょうか。

原因はまず、本の難易度が自分と合っていないこと。そしてもう一つ考えられるのは、脳タイプと選んだ本が合っていない場合です。

人間は五感（視覚、聴覚、触覚、嗅覚、味覚）を使って、身の回りから情報を得ています。しかし、脳科学者・西剛志さんの著書『なぜ、あなたの思っていることはなかなか相手に伝わらないのか？』（アスコム）によると、五感の使い方はみんな同じではありません。

学習したり、情報をインプットしたりするとき、人によって使う五感にかたよりが出てくるのです。どの感覚を優先的に使うことが多いかを分類したものを「脳タイプ」といいます。いわば脳の個性です。

西さんの著書には、脳タイプの診断テストが書いてあるので、自分のタイプを詳しく知りたい方は、そちらを参考にしてください。脳タイプには次の3種類があります。

- **視覚タイプ：視覚を優先する**（映像が中心）
- **聴覚タイプ：聴覚を優先する**（映像より音声が中心）
- **体感覚タイプ：体の感覚を優先する**（映像や音声より気持ち、肌ざわり、香り、味）

脳の個性が異なれば、見えている世界も、人によってさまざまになります。情報の受け取り方、感じ方、考え方が変わるからです。もちろん、記憶の方法や言葉から思い浮かべるイメージ、話し方にも影響があります。

たとえば、友だちと一緒に旅行に行っても、印象に残っている場面が一緒とは限りませんよね。景色が美しかった、旅先でのおしゃべりが楽しかった、食べ物がおいしかった。このように視覚、聴覚、味覚で反応の強さが分かれています。

誰かに手順を教える際も同じです。言葉でていねいに説明したほうが理解できる人もいれば、説明よりもまず実践したほうがいい人もいます。これも脳タイプによって、情報の受け取り方が違うから。前者は聴覚タイプ（言葉重視）、後者は体感覚タイプ（体験重視）となります。

つまり、**同じ本を読んだとしても、人によって理解しやすい・読みにくいという感覚の違いが生まれるのは当然**ということです。

「読んでも理解できなかった」のは、その本との相性がよくなかっただけです。だから自分の理解力ばかりを責めて落ち込まなくても大丈夫。まずは、自分の五感に合った読みやすい本を選ぶことから始めましょう。

脳タイプ別の本の選び方

読書で情報をインプットするとき、優先的に使われる五感は人によって違います。

視覚、聴覚、体感覚の3つの脳タイプの特徴を踏まえて、相性のいい本や理解しやすい本のキーワードをまとめてみました。

３タイプの《重視》の中で普段、自分の行動と好みに近いものはどれでしょうか？　それが、自分の脳タイプである可能性が高いです。

【視覚タイプの重視とキーワード】

《重視》見えているもの、図や絵、全体像がわかる、色、デザイン、映像

《キーワード》マンガ版、図鑑、図解、図説、図版、イラスト、ビジュアル、見てわかる、一目でわかる、ＤＶＤ・動画の付録

視覚タイプは、ビジュアルや映像を重視します。ですから選ぶ本も、文字ばかりのものより、イラストや図版が多いものを選ぶと理解しやすいでしょう。文字中心だった本をマンガ版で読むのもいいです。

また、色やデザインが整っているものが読みやすいと感じます。ＤＶＤや動画のダウンロードの付録がついていると、よりわかりやすいです。

ビジュアルが多い本は、タイトルに《キーワード》の「図説」や「一目でわかる」などの言葉がついています。図書館や書店で本を探すときの目印にしましょう。

【聴覚タイプの重視とキーワード】

《重視》聞こえるもの、言葉が大切、ていねいな説明が必要、理論的、音声

《キーワード》解説、詳解、詳しい、詳細、オーディオブック

聴覚タイプは、音と言葉を重視します。図が中心の内容よりも、順序に沿っててていねいに言葉で説明されているほうが理解しやすく、読みやすいです。

また、もっと詳しい説明が必要なときは「解説」「詳解」などの言葉がタイトルについている本を選んでください。本を音声化したオーディオブックとも相性がいいでしょう。

【体感覚タイプの重視とキーワード】

《重視》体を動かす、体験、簡単な説明でいい、「To Do」、気持ち、肌触り

《キーワード》実践、問題集、レッスン、ワークシート、練習用アプリの付録

体感覚タイプは、じっくり説明を受けるより、まず体を動かすことを重視します。内容も、やるべきことがすぐわかるTo Do形式で書いてあるほうが読みやすいです。即実践するためのワークシートや、練習問題が付いているほうが理解できます。最近の問題集には、練習用のアプリもついています。アプリでは実際に手を動かすので、体感覚タイプの人にはピッタリです。

ただ、脳タイプは必ずしも1つとは限りません。大多数の人が会社や学校に適応するために、場面によってタイプを使い分けているからです。

しかし西さんによると、**子どものころに図鑑を読むのが好きだった人は視覚タイプに、体を動かすのが好きだった人は体感覚タイプのまま大人になる人が多い**そうです。

読書が苦手な人は、そんな本来の脳タイプに合った本から慣れていきましょう。その後に、別のタイプの本にも少しずつチャレンジしていくことをおすすめします。

図書館でトライ&エラーする

いい本に出会うためのコツとは？

「なかなか自分にぴったりの本に出会えない」本を〝恋人〟に置き換えると、まるで恋愛相談のようですが、これも読書が苦手な人の悩みの一つでしょう。

自分にぴったりの恋人を見つけるためには、まず出会いの数を増やさなければ難しいですよね。**運命の人とカフェで偶然出会えるのはドラマの中だけの話。本も同じです。**

自分に合った本を見つけるためには、たくさんの本に出会うしかありません。

ところが、読書が苦手な人ほど、一発で探し当てようとする傾向があります。だからいい本に出会う確率も低くなってしまうのです。もし1冊の本がイマイチだったとしても、がっかりせずにほかの本にチャレンジしましょう。

実際に作家やジャーナリストのような読書のプロたちでも、自分に必要な本をピンポイントで見つけるのは至難の業《わざ》。欲しかった１冊のために、何十冊も読むというのが普通です。

読書が好きな人が本をたくさん読むのは、自分に合った本に出会うためでもあります。**ある意味、読まざるを得ないのです。**ですから読書が苦手な人も、面倒だと思うかもしれませんが、本探しとはそういうものだと諦めてしまったほうが気分も楽です。

たとえば、ジャーナリストの池上彰さんは『僕らが毎日やっている最強の読み方』（池上彰、佐藤優、東洋経済新報社）の中で、このように書いています。

「何か知りたいことができたときは、まず書店に足を運び、目に留まった関連本はとにかく買って片っ端から読んでいきます」

「いい本に出合うためのコツはひとつ、『本をたくさん買うこと』です』

さらに作家の司馬遼太郎さんは『竜馬がゆく』を書くために、なんと3000冊の本を読みました。重さは1トン、総額1000万円。

司馬さんは執筆のために、大量の資料を集めたことで有名です。新しい作品を書き始めると、東京・神保町の古書店街から関連本が一斉に消えたという伝説も残るほど。『司馬遼太郎がゆく』（半藤一利ほか、プレジデント社）によると、司馬さんは古書店の店主に、坂本龍馬と家族の資料、訪れた場所の郷土史まで、とにかく関係する資料は残さず集めてほしいと依頼したそうです。

そこまでして本を集める理由について、こう語っています。

「私は資料を読んで読んで読み尽くして、その後に一滴、二滴出る透明な滴を書くのです」

レビュー、口コミとのつき合い方

とはいえ、本当に必要な本1冊に出会うために、当たりハズレ関係なく本を買いまくるのは、さすがに経済的に無理な話ですよね。できれば損をしたくない気持ちはよくわかります。

そんな私たちのために、Amazon の創業者ジェフ・ベゾスが始めたサービスが「カスタマーレビュー」です。最近では本に限らず、宿泊施設や食品なども、口コミを見てから購入を決める人も多いと思います。食品なら食べる前に味を、本なら読む前に内容を知ることができれば安心です。

レビューの評価さえ確認すれば、その本が自分に合っているかわかります。わざわざ実物を読む必要もないかもしれません。

ただ、**注意しないといけないのは、レビューはあくまで他人の感覚でつけた評価であること**。

前の項目で説明した「脳タイプ」を思い出してください。人によって情報を受け取る五感が違いましたよね。カレーのレビューに〝辛い〟と書いてあったとしても、それは書いた人の感覚。自分にとっては辛くないかもしれません。

本も一緒で、レビューの評価が自分の感覚と一致するとは限りません。レビューに「基本的なことしか書いていなかった」とあっても、必ずしも本の内容が薄いわけではないのです。

その人はたぶん、上級者向きの内容を知りたかったのに、間違って入門書を読んでしまったのでしょう。

レビューの中には辛辣《しんらつ》なコメントもありますが「思っていた本と違う」というのは、そもそも現物を見て選んでいないので当然、起こり得ることです。

結局、本は読んでみないとわからないのです。

レビューや口コミは参考にはなりますが、頼りすぎるのもよくありません。あくまで自分の感覚を大切に、できれば現物を見てから選ぶようにしましょう。

書店＋図書館で本の出会いを増やす

図書館は、たくさんの本と出会うためにぴったりの場所です。実際に現物を読むことができるし、経済的な面でも気兼ねなくトライ&エラーしながら、自分に合った本を探すことができます。

同じテーマの本を図書館で何冊か同時に借りて、内容をパラパラと読んで必要か不要かを判断し、また大量に返すという作業を繰り返します。すると、だんだん必要な本を見分ける目が鋭くなってきます。**図書館は、本を選ぶ練習の場所だと思ってください。**

また、本を購入する際の試し読みとして図書館を使うのもおすすめ。

じつは私の場合、本は図書館で借りるより書店で購入するほうが多いです。ネットで面白そうな本を見つけると、まずは図書館で手に入れて内容を確認してから、書店で購入します。

司書だからといって、図書館ばかり使っているわけではありません。司書たちは仕事の後、よく書店へ寄り道しています。

ときどき、図書館と書店は対立関係にあるように言われますが、それは大きな誤解です。私は仲間同士だと考えています。お互いに「本と人をつなぐ」という目的は同じ。方法と役割が違うだけなのです。

書店と図書館を組み合わせて使うことで、本との出会いはさらに広がります。読書が苦手な人も、必ず自分にぴったりの本を見つけることができるでしょう。

YouTubeの要約動画を参考にする

あらかじめ要点を動画で押さえられる

ある日、大阪のジュンク堂書店のビジネス書コーナーにいると、腕にびっしりタトゥーをした見た目のイカついお兄さんが2人やって来ました。

その内の1人が、ちょうど私のうしろの棚で本を熱心に探していましたが、なかなか見つけられない様子でした。

司書の職業病なのか、本を探している人がいると、つい気になってしまいます。何を探しているのかなと考えていると、連れのお兄さんがちょうど「何探してるん？」と聞いてくれました。

すると、こんな答えが。

「『夢をかなえるゾウ』。めっちゃいい本やねんで。YouTubeで見てん」

YouTubeにはいろんな動画がありますが、本の要約はとくに人気のジャンルです。有名なのは「本要約チャンネル」「サムの本解説ch」「アバタロー」「サラタメさん」「学識サロン」「中田敦彦のYouTube大学」などですね。

さっきのイカついお兄さんも要約動画をきっかけに『夢をかなえるゾウ』（水野敬也、文響社）を読んでみようと思ったのでしょう。

私も古典や哲学の本を選ぶときの参考に動画を見ています。内容が難しい本や苦手な分野の本でも、動画で先に要点を押さえておくと読みやすいからです。とくに読書が苦手な人にとっては、要約動画は本を選ぶヒントとして役に立つと思います。

たとえば、経営者のあいだで広く読まれている『孫子の兵法』は、紀元前500年ごろの中国で書かれた兵法書なので、読むのは骨が折れます。しかし「中田敦彦のYouTube大学」の説明は、要点が押さえられていて非常にわかりやすいです。

中田さんはコメディアンなので話が面白く、本の要約というより、ネタを聞いているような感じで、エンタメとして楽しむことができます。

ちなみに中田さんは、この動画を作るにあたって、最初は入門的な『マンガ最高の戦略教科書　孫子』（守屋淳、日本経済新聞出版社）を読んでから、より専門的な『孫子』（浅野裕一、講談社）を読んだことで理解が深まったそうです。

このように、どんな順番で本を選んで読んだのかという情報も参考になります。実際に私も中田さんの『方丈記』の動画で紹介されていた本を買って、今回の執筆に活かすことができました。

本当の知識として身につけるために

ただ、1つ注意点があります。動画にまとめられた要点は、本の内容のあくまで一部です。紹介されていない部分のほうがたくさんあります。

動画が面白かったり、内容に興味を持ったりしたら、現物の本を読みましょう。せっかく気になる本と出会えたのに、動画だけで済ませてしまうのはもったいないです。もし買うのが不安だったら、図書館で借りるとチャレンジしやすいと思います。

ときどき、動画のコメント欄に「とっても勉強になりました。これからもこの動画を何度も見返します」などと書いている人がいます。

しかし、そこまで気に入っているのなら、読んでみたほうが自分のためになりそうだと思いませんか？

手っ取り早く、大雑把に知識や教養を仕入れることを「ファスト教養」と呼ばれています。本の要約動画も、ファスト教養の1つとして少しネガティブな意味で表現される場合もありますよね。

でも結局、**本当の知識として身につくか、ファストな浅い知識になるかは、動画を見る人次第**ではないでしょうか。

動画だけで満足する人もいれば、最初の『夢をかなえるゾウ』のお兄さんのように、動画だけでは物足りなくて、もっと深く知るために本を読もうとする人もいます。

読書のきっかけは何でもいい。YouTube はうまく使えばとても役立つ情報源です。

読みたい本を取り寄せる！

「リクエスト」を使いこなそう

図書館は次の図のように6種類あって、ネットワークを築いています。ですから、読みたい本が地域の公共図書館になくても、司書が日本中から探し出して手に入れてくれます。

このサービスを「取り寄せ」や「リクエスト」と言います。呼び方は図書館によって違いますが、要はほかの図書館から取り寄せるサービスだと覚えていてください。

公共図書館が持っている約4億6000万冊、さらに国会図書館の分を足すと、合計5億1000万冊もの資料が自分の本棚になります。

残念なことに、この取り寄せのサービスは一般的に知られていないようです。国立国

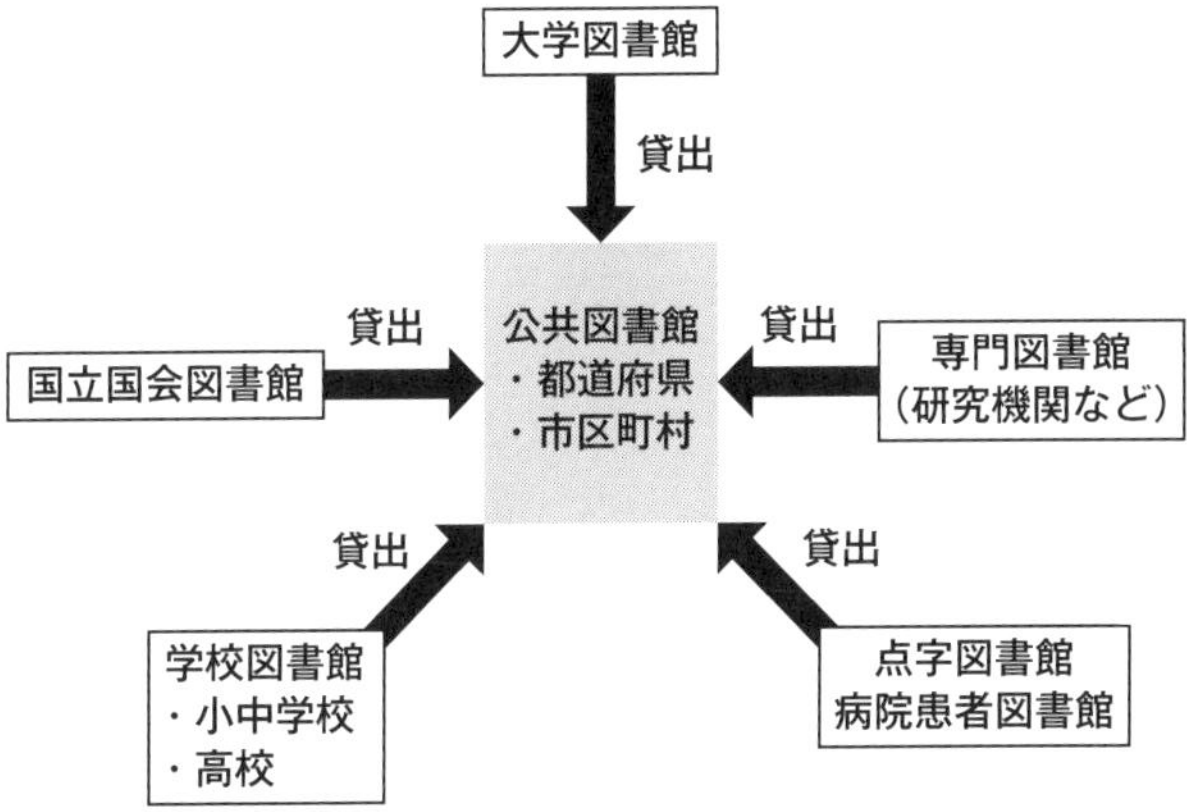

会図書館などの調査では、公共図書館を利用しないと答えた人に対して、その理由を聞いてみると「読みたい本や雑誌がないから」という回答が上位になりました。

地域の公共図書館は、子どもから大人まで幅広い年代の人たちが、いろんな情報を探しに来ます。その要望に応えるために、公共図書館もできるだけさまざまな分野の本を集めていますが、もちろんすべての本を置くことはできません。だから、図書館のネットワークを作って、足りない資料をお互いに貸し借りできるようにしたのです。

もし今まで、図書館に読みたい本がなくてあきらめていたのなら、取り寄せサービスを使ってみましょう。

取り寄せる方法は以下のとおりです。

【Q．どこで申し込むの？】

A．住んでいる地域の公共図書館です。

図書館の探し方は、Googleで「住んでいる地名　図書館」で探すと、候補が地図と一緒に出てきます。行きやすい公共図書館を選びましょう。また、通勤通学をしている地域の図書館でも取り寄せができる場合があります（各図書館で条件が異なります）第5章にも図書館の探し方が書いてあるので参考にしてください。

【Q．どうやって申し込むの？】

A．まずは利用者の登録（図書館カードの作成）をしましょう。

登録には住所・氏名を確認できるものが必要なので、あらかじめ図書館のホームページの「利用案内」で条件と登録方法を確認してください。

司書に「ほかの図書館から取り寄せたい」と相談しましょう。何日までに欲しいなど、希望があれば伝えたほうがいいです。急ぎのときは、その本を持っているほかの図書館に直接行くことを勧められるかもしれません。司書は最短で費用のかからない方法を優先的に考えてくれます。

【Q. 送料はかかる？】

A. その公共図書館がある自治体内、提携している図書館から取り寄せるのは無料です。ただ、無料の範囲は地域によって異なります。ほかの自治体の図書館・大学図書館から取り寄せるときは、送料負担になるかもしれません。送料の有無は司書が先に言ってくれますので安心してください。

【Q. 家に持って帰って読める？（貸出できる？）】

A. 送料無料のエリアから取り寄せたときは貸出ができます。ただ、その資料が貴重なもの・破損しているものだと例外もあります。

また、ほかの自治体の図書館・大学図書館・国会図書館の本は取り寄せしても貸出ができず、図書館の中でしか読めない場合もあります（国会図書館は館内のみ）。申し込むときに「貸出できますか？」と司書に聞いておくといいでしょう。

【Q. 洋書（海外で発行された本）は手に入る？】

A. 手に入ります。洋書も国内のどこかの図書館、とくに大学が持っていることが多いです。大学図書館から取り寄せるとだいたい有料なので、たまに古書店で購入したほうが安く済むこともあります。司書と相談しながら検討してください。

【Q. 通っている大学に公共図書館の本を取り寄せできる？】

A. 公共図書館と提携している大学なら無料で取り寄せでき、所属する大学生と先生は申し込みができます（学外の方は確認が必要）。

大学図書館では取り寄せを「相互利用（ＩＬＬ）」と呼びますが、基本的に有料です。もし提携大学図書館のホームページで公共図書館と提携しているか確認してください。提携していない場合は、公共図書館で直接申し込んだほうが、早くて費用も抑えられます。

司書は海底の地形に詳しい水先案内人

思い出のヘンテコな質問

「このソファ、もらってもいい？」

大学図書館にいるといろんなことを聞かれますが、これがいちばんヘンテコな質問でした。質問したのは、最近大学に来たばかりの新しいアメリカ文学の先生。ときどき図書館で会ったことはありましたが、さすがに「どーゆうこと？」と驚きました。

私がいたのは、レファレンスカウンターという相談専用のデスクです。そのちょうど目の前にあるソファを、先生は指さして言いました。

「使っているので、ちょっと無理ですね」とていねいにお断りしましたが、困っていそうだったので事情を聞いてみることに。

すると「研究室にゆっくり座る場所がないので、ソファが欲しい」とのこと。だったら、ほかの部署に問い合わせたらどうかと勧めると、誰に聞いたらいいかわからないし、ほかの部署は怖そうで聞きづらい。だから私に聞くことにしたそうです。たしかに、大学は部署が多いので気持ちはわかります。結局、私が知っている中で力になってくれそうな人を紹介してあげました。

この一件で信頼してもらえたのか、先生はよく私のデスクに調べ物の相談で来るようになって仲良くなりました。その大学を辞めて10年経ちますがよい思い出です。

公共図書館では「レファレンス」に頼ろう

このように（ソファは微妙ですけど）情報の探し方がわからないときは、図書館に相談できます。これを「レファレンス」「調査相談」と言います。

病気のことは病院で聞けますが、**情報の集め方について聞ける場所は、日本で唯一、図書館だけ**です。ぜひ頼りにしてくださいね。

地域の公共図書館には、だいたいレファレンスの窓口があります。

もし窓口がわからなくても、貸出カウンターにいる司書に聞けば案内してもらえます。受付方法は図書館によってさまざまで、メール、ホームページの専用フォーム、電話、郵便などです。

とくに問い合わせが多い質問は、図書館のホームページにQ＆Aが公開されています。

【レファレンスに相談するコツ】

・相談は時間に余裕があるときにする。これすごく重要（焦ってイライラしてもいい結果は得られない）
・特定の本を探しているときは、スマホでAmazonの画面を司書に見せると早い。本の情報をプリントアウトしたもの、新聞の広告などもＯＫ（タイトルの覚え間違いを防ぐため）
・探す目的を伝える（レポートを書くなど、言える範囲で）
・自分でどこまで調べたか伝える（すでに調べた本のリストやWebページなど）
・わかる範囲でいいので、知りたいことの具体的なキーワードを、できるだけ多く伝えるといい

公共図書館がすごいのは、質問の範囲の広さです。

たとえば大学図書館は、学部に関することなので、まだ内容も限られています。でも公共図書館は、いつ、誰に、どんなことを、どんな難易度で聞かれるのかは予測できません。かなりハードなことです。それにもかかわらず、できる限りの手段を使って、誰に対しても親身に対応してくれます。

私は、そんな公共図書館の司書さんたちを、とても尊敬しています。

国立国会図書館の「リサーチ・ナビ」を活用する

インターネットが情報の海ならば、司書の仕事は船が座礁《ざしょう》せず、安全に港に出入りできるように誘導する水先案内人に似ています。

水先案内人は、船長の要請を受けて船に乗り、目的地や船の性能について質問します。その上で、それぞれの船に適した方角や操縦方法を船長にアドバイスするのです。

インターネットの海には浅瀬と深海がありますが、そのあいだにも暗い海がありま す。Googleで検索してもノイズ（不要な情報）のせいでランキングに埋もれてしまって、見つけられない情報です。その中には、信頼できるサイトもたくさんあります。

国立国会図書館の調べ方案内「リサーチ・ナビ（https://rnavi.ndl.go.jp/jp/index.html）」では、そのような信頼性の高いサイトを紹介しています。

【リサーチ・ナビの使い方】

Googleで「知りたいこと　調べ方」で検索すると、いちばん上か次ぐらいに、リサーチ・ナビの情報が検索結果に出てきます。

もちろんGoogleを使わずに、直接リサーチ・ナビに入ってから探しても大丈夫。でも情報量が多いので、私はいつもGoogleを経由しています。

前の項目で書いた「1年に出版される本の冊数」も、リサーチ・ナビを使って調べました。

まずGoogleで「出版点数　調べ方」で検索します。すると結果のいちばん上に、リサーチ・ナビの出版物統計（図書）というページが出てきます。そこに書いてある総務省統計局のWebサイトをたどって、冊数を知ることができました。

さらに、リサーチ・ナビでは参考になる本も紹介されています。もし気になる本を見つけたら、自分の公共図書館にあるか確認しましょう。
各図書館のホームページに本の検索ができるOPAC（蔵書検索）があります。

「レファレンス協同データベース」とは？

全国の図書館では、毎日たくさんの人から質問を受け付けています。その解決方法をシェアして、みんなの調べ物に役立てようと作られたのが、国立国会図書館の「レファレンス協同データベース（https://crd.ndl.go.jp/reference/）」です。誰でもネット上で見ることができます。

検索ボックスにキーワードを入れると、関連する事例が出てきます。司書がどうやって調べたのか、どんな本やWebページを参考にしたのかよくわかります。ほかの人も自分と同じ疑問を持っていることがよくあるので、ピッタリな回答が見つかるかもしれません。たまに面白い質問・回答があると、X（旧Twitter）でシェアされて話題になっています。

第4章

検索成功の秘訣は「キーワード」にある

目的を言語化するコツ

頭の中のモヤモヤを書き出そう

前章でお伝えしましたが「好きなもの」「知りたいこと」をキーワードにすることで、自分に合った本を選びやすくなり、読書のしんどさを軽くすることができます。

ですが、そもそも「好きなものがわからない」「知りたいことがわからない」場合はどうしたらいいのでしょうか？

おそらく、普段から自分の気持ちを抑え込みやすい人、つい相手のほうを優先してしまう人ほど、悩みや希望を口にするのが苦手だと思います。

ですから、実際は「わからない」というより、心理的なブロックに邪魔されて引っ張り出せていないだけなのです。

そんな頭の中のモヤモヤを引っ張り出すのに最適なのは、書くこと。書いて言語化することです。

書くことによって３つの効果があります。

① 悩みを客観視できて自分の状況や対処法に気づくことができる（樺沢紫苑『言語化の魔力』幻冬舎）

② 注意のアンテナ（選択的注意）が立って、必要な情報を見つけやすくなる（樺沢紫苑『学びを結果に変えるアウトプット大全』サンクチュアリ出版）

③ やる気が出て行動的になり、夢や目標を実現しやすくなる（中野信子『科学がつきとめた「運のいい人」』サンマーク出版）

まずは、思いついたまま書いてみましょう。短い言葉、箇条書き、文章など形式は何でも構いません。紙に手書きか、スマホにメモするかは自由です。

私の場合は、長い文章をスマホのメモに書きます。文章を書く練習にもなるし、あとから読み返しても自分の考えが詳しくわかるからです。

スマホだと、電車に乗ってボーッとしているときに、思い浮かんだことをすぐに書けるし、ネット検索をする時にコピペもできるので便利です。

ただし、人に見られる可能性のあるSNSに書くのは避けましょう。あくまで自分専用です。人に見られるのを意識すると、心理的なブロックに邪魔されてしまいます。

とにかく、頭に浮かんだイメージや言葉をすべて書いてください。ポイントは、優等生的な言葉を使わないこと。「我慢」「がんばる」「理解する」「協調性」などです。

たとえば「苦手な人と仲良くするにはどうしたらいいか」という悩みを抱えているとします。でも、相手とは性格が合わないし、意地悪なことを言ってくるイヤな人だったらどうでしょう。「苦手な人と極力コミュニケーションを取らずに、その場をやり過ごすにはどうしたらいいか」のほうが自分の本音に近いと思いませんか?

世の中の常識や美徳、他人からの評価を気にすると、ついカッコつけてしまいます。

「好きなもの」「知りたいこと」を言葉にするときは、本音がいちばんです。

もちろん、最初はうまく言葉にできないかもしれません。少しずつでいいので、自分が何を望んでいるのか自問自答しながら、言語化に慣れていきましょう。

司書に話して言語化する

他人に話すことで、初めて自分の考えがわかる場合もあります。

ある日、図書館で、野球部の大学生から「スポーツの本はどこですか？」と尋ねられました。私は質問どおりにスポーツの本がある棚を案内したのですが、学生は何だかモジモジした雰囲気。他にも聞きたいことがあるのかなと思ったので、さらに「野球の本ですか？」と声をかけてみると、次のように話してくれました。

「野球というかスポーツの話で、声をかけると元気が出たり、筋トレとかトレーニングのパフォーマンスが上がったりする……」

彼の話を聞いていると、松岡修造さんのイメージが浮かんできたので、私が「自分を信じろ！　きみならできる！」と松岡さんのモノマネをして見せました。

すると「そう！　松岡修造さんみたいな本」と、学生も伝えたかったことが言えてスッキリした様子で、必要な本を借りていきました。

少しの会話で、傍点部のようなキーワードがたくさん出てきます。それらをまとめると、学生が欲しかったのは「スポーツの本」ではなく「スポーツメンタルトレーニングの本」だとわかります。

もし最初の質問だけで終わっていたら、間違った本を借りてしまうか、何も借りずに「図書館には欲しい本がない」という結果になったでしょう。話すことも書くことと同様に、自分の頭の中のモヤモヤを言語化する手助けになります。

私みたいにモノマネをする司書がほかにもいるかは別として、どこの図書館でも気軽に話を聞いてもらえます。知りたいことをうまく言葉にできないときも、遠慮せずに司書に声をかけてみてくださいね。きっと解決できると思います。

抽象的なキーワードを具体的にする

本の情報と自分の知りたい内容がズレるのはなぜ？

質問です。あなたにとって「幸せ」とは何ですか？

・お金持ち
・仕事の成功
・家族との時間
・推し活
・自然の中でリラックス
・健康第一

一言「幸せ」といっても、浮かんだイメージはさまざまですよね。どうすれば幸せや成功をつかめるのか、関連する本はたくさん売られています。でも、いざ自分に合った本を選ぼうとすると、案外難しいテーマです。

理由は最初の質問のように、解釈がいくつもあるから。もし『幸せになる方法』というタイトルの本を読んだとしても、自分の考える幸せの形と本の中の幸せの話が一致していないと、知りたいことが書かれていなくてガッカリすることになります。

「幸せ」や「成功」は誰でも知っている言葉ですが、とても抽象的。そのため、**本の情報と自分の知りたい内容のあいだにズレが生まれやすい**のです。

このようなミスマッチを防ぐためには、抽象的なキーワードは具体的に考えてみないといけません。

5W2Hで具体的にする

以前、ある人が「書店でコミュニケーションの本を探してみたけど見つからなかった」と言っていました。

でも、ちょっと不思議ですよね。コミュニケーションは人気のあるテーマなので、きっと本もたくさんあるはずです。

では、なぜ見つけられなかったのでしょうか？

キーワード自体は間違っていません。

けれど、幸せや成功と同様に「コミュニケーション」もふだん当たり前に使っている言葉ですが、よく考えてみるとじつに奥が深い言葉です。

「コミュニケーションの何を知りたいのか？」を、まずは自分に問いかけてください。できるだけ詳しくイメージして、より具体的なキーワードをつけ加えましょう。

キーワードを具体的にするには、５Ｗ２Ｈという方法を使います。

キプリング・メソッドと呼ばれる５Ｗ１Ｈ（Who・When・Where・What・Why・How）にHow much（費用）を足したものです。

図書館の司書たちは、日々いろんな人から質問を受けつけます。ですが質問のほとんどは曖昧。そこで**「この方は、本当は何を知りたいのだろう？」と分析するときに、司書が考えているのが５Ｗ２Ｈ**です。

たとえば「コミュニケーション」を5W2Hで深掘りすると……。

・誰が（Who）：親と子ども、夫と妻、先生と生徒、上司と部下、店員と客、飼い主とペット
・いつ（When）：教えるとき、叱るとき、褒めるとき、仲良くなるとき、報告するとき、接客するとき
・どこで（Where）：家庭、学校、会社、店
・何を（What）：教え方、褒め方、叱り方、謝り方、情報伝達の仕方、購入のすすめ方
・なぜ（Why）：伝わらない、理解できない、必要性
・どのように（How）：言葉、心理、環境、表情、会話、メール、電話、デザイン
・費用は（How much）：費用をかける（書店で購入する、セミナー）、費用をかけない（図書館で借りる、YouTube）

このように分析してみると、たった1語の中にも、異なる要素がたくさん含まれてい

ます。この中のどれが自分の知りたい要素なのかを特定しましょう。

コミュニケーションの場合、まず大前提として必ず人と人、人と動物といった相手がいます。その相手によってテーマが大きく変わってきます。

たとえば、先生と生徒なら学校の話です。けれど小学校と大学では全然内容が違いますよね。

小学生なら、キーワードは〝コミュニケーション＋小学校〟のほうが具体的です。さらに「授業での接し方が知りたいのか」あるいは「学校全体の仕組みの事例が知りたいのか」などの違いもあります。

店員と客なら接客がテーマですが、業種によって必要なスキルも異なります。クレーム対応なのか販売促進なのか、ＳＮＳか店舗か。キーワードも〝コミュニケーション＋飲食店＋ＳＮＳ〟など、知りたい情報をあらかじめ考えたほうがいいです。

お気づきかもしれませんが、**キーワードを組み合わせるのはネット検索なら当たり前にしていること**なのです。あまり難しく考えず、ネットと同じように本のキーワードを深掘りしてください。

キーワードを少し具体的に変えるだけで、自分に合った本に出会えるようになり、読書でも欲しい情報が目に飛び込んでくるようになります。

問題はWhyで仮説を立て解決する

探偵が犯人の逃走ルートを調べるとき、こんなふうに推理しているシーンを見かけます。

・なぜ東へ逃げたのだろう【Why】↓地下鉄で人混みに紛れるため【仮定】↓地下鉄の防犯カメラを確かめよう【検証】

Whyの疑問に対して、仮定を立て、検証する。これを「仮説思考」と呼びます。推理に限らず、ビジネスの問題解決に使われる手法です。

とくにWhyを重視したのがトヨタ自動車です。生産現場でトラブルが起きたとき「それはなぜか?」と、自問自答を5回繰り返す方法で生産システムを改良してきました。

たとえば、不眠で悩んでいたとします。

もしWhyを1回しか考えないと「なぜ眠れない↓不眠症だから」となりがちです。Whyを5回考えると「なぜ眠れない↓不眠症だから↓なぜ不眠症↓遅くまでお酒を飲んでいるから↓なぜ飲む↓好きだから↓なぜ好き↓楽しい気分になるから↓なぜ楽しい気分になる↓友達と会えなくて退屈しているから」と、より具体的に原因の究明に迫れます。

このように、原因が不眠症だけでなく、生活習慣にまで視野を広げることができました。もし病院に行くとしても、生活習慣を整えながら通院したほうが有効だと思いませんか。

5回という数にこだわる必要はありませんが、1段階で終わらせるのは少しもったいないです。Whyを繰り返し深めていくことで、初めて根本的な原因が見えてきます。

問題解決の糸口を探しているのなら、5W2Hの中でもとくにWhyを中心にキーワードを出してみましょう。

アナロジー（類推）で共通点を探す

科学とアナロジー

「抽象的でよくわからない」「もっと具体的に話しなさい」よく〝抽象的〟であることは悪いことだとされています。ですが、複雑な問題を解決したり、新しいアイデアを出したりするときは、あえて物事を抽象化して考えたほうがうまくいくことがあります。これをアナロジー（類推）といいます。

アナロジー（類推）とは辞書によると「類似の点をもとにして、他を推しはかること」（デジタル大辞泉）です。つまり「見た目は似ていないものから共通点を見つけて、新しいアイデアを得ること」ですね。

そう言われても、いまいち意味がわからないかもしれません。じつは私たちの生活になくてはならないモノやサービスが、アナロジーによって生み出されてきました。

ここで、質問です。次の３つには、それぞれ共通点があります。何でしょうか？

・カワセミと新幹線
・蓮《はす》と傘
・ひっつきむし（野生ごぼうの実）とマジックテープ

答えは、カワセミと新幹線は〝抵抗〟、蓮と傘は〝撥水《はっすい》〟、ひっつきむしとマジックテープは〝接着〟が共通点です。

新幹線の先頭部分の長細い形、何かに似ていると思いませんか？

鳥のクチバシです。５００系新幹線の先頭部分は、カワセミのクチバシをヒントに開発されました。

新幹線は時速３００キロで狭いトンネルに入るため、出口付近で空気の圧縮波が一気に放出されて「トンネルドン」と呼ばれる轟音《ごうおん》が発生します。

この空気の抵抗を解決したのがエンジニアの仲津英治《なかつえいじ》さんで、バードウォッチングが趣味。新幹線と同じように「抵抗の大きな変化を常時経験している生き物はいないか？」と考えてみました。

そこで浮かんだのがカワセミです。カワセミは高速で水中に飛び込みますが、水しぶきがほとんど上がりません。

実際に私が京都御所《きょうとごしょ》で池を眺めていたとき、すぐ目の前でカワセミが高速で水中に突っ込んできましたが、水面はまったく波立ちませんでした。

新幹線は空気の抵抗、カワセミは水の抵抗という点で状況が似ています。カワセミの特殊なクチバシを解析した結果、新幹線の騒音と消費電力を軽減することに成功したのです。

同様に傘の撥水加工は蓮の葉の凸凹、マジックテープはひっつきむしのトゲの構造を元に開発されました。仲津さんはこう話します。

「このときの経験から、私は〝人間は自然に学ぶべきだ〟という思いを強くしました。自然に勝とう、自然を克服しようという考えが間違っているのだと」

アナロジーでキーワードを生み出す

アナロジーは科学技術だけでなく、新しいサービスや新商品の企画にも活かされています。

また質問です。次の言葉には共通点があります。何でしょうか？

・日傘、ドライヤー、ネイル、スキンケア、メイク、真珠、スカート

答えは、今まで〝女性用だと思われていたモノ〟です。近ごろはドラッグストアでも男性用化粧品を見かけるようになりましたね。

日傘もつい最近までは女性用の物だと思われてきました。私の男友だちは肌がとても白く、日に当たるとヒリヒリするため、ずっと前から日傘を使ってきましたが、よくまわりの男性から冷やかされてイヤな思いをしたそうです。けれど今は、地球の気候変動で気温が上がったため、男性でも日傘をするのが普通になっています。日傘の会社は、ターゲットを女性から男性に変更した結果、売り上げが格段に伸びました。

ドライヤーも、本体の色をピンクや白などの淡い色から黒に変えたことで、男女問わず買いやすくなりました。

真珠のネックレスとスカートも女性の定番でしたが、おしゃれな男性アーティストたちが身につけたのがきっかけで、男性のファッションにも取り入れられています。

逆に〝男性用だと思われていたモノ〟もあります。学校の制服のスラックスです。女子生徒はスカートを指定されていましたが、自由に選べる学校も増えてきました。

このように、**違うジャンルの商品にも、見えない共通点がある**のです。抽象的な視点は新たな商品を生み出すきっかけになります。

個人の問題解決にもアナロジーは役立ちます。ことわざの「木を見て森を見ない」のように、難しい問題に直面すると視野が狭くなりがちです。するとキーワードもかたよってしまって、なかなか自分に合った本や情報も見つけられません。

もし考えが行き詰まったら、アナロジーを使って大胆にキーワードを練り直しましょう。新幹線とカワセミのように、斬新な発想を楽しんでください。

語彙力を強化してキーワードを言い換える

「ガチで」気をつけたい４つの言葉

学研が『マンガで笑って、言葉の達人！　超こども言いかえ図鑑』（川上徹也、小川晶子）でおこなったアンケート調査によると、**小中学生の保護者500人に「子どもの気になる言葉」について質問したところ、1位が「ヤバい」、2位が「ウザい」、3位が「ガチで・キモい」**という結果になりました。

どうでしょう、思い当たる言葉はありますか？

小中学生に限らず、この４つは大人もよく使います。

私は「ヤバい」と「マジで」が多いのですが、気をつけても無意識に出てしまいます。言い慣れた言葉を変えるのは、なかなか難しいもの。

私も痛感していることなので、就活を始めた学生にも「普段から少しずつていねいな言葉に変えていくと、面接の言葉遣いが楽になるよ」とアドバイスしています。

大人でも難しいことなので、若い世代がつい言ってしまうのも無理はありません。

けれど、この4つの言葉のせいで、トラブルが起きやすいのも事実です。

ある中学生は「キモい」が口癖で、友だちが「前髪を切りすぎた、最悪」と話しかけても「キモい」。「マラソン大会あるらしいよ」に対しても「キモい」……。

本人は悪気がなかったものの、言われた同級生たちは不快です。次第に、その中学生はまわりから無視されるようになり、不登校になってしまいました。

相手に誤解されたり、嫌われたり、気持ちをうまく伝えられないのは辛いことですよね。では、どうすればいいのでしょうか?

大切なのは、言葉を言い換える力。「語彙力《ごいりょく》」です。

語彙力があると、知りたいことを調べたり、悩んでいることを解決したりすることができます。逆に、語彙力がないと難しいです。そもそも自分が何を知りたいのか、自分でもわからないからです。当然ですが、わからないことは調べようがありません。

誰かに相談するときも同じ。病院で体の状態を先生に伝えられません。また、私の知り合いにテレビでも活躍する有名な占星術師がいるのですが、占いの相談でも何を占ってほしいのか、言葉にできる人・できない人の違いがハッキリしているそうです。

読書の目的は「好きなもの」を深めること、「知りたいこと」を調べて問題を解決することです。そのためにも、キーワードを言い換える力がとても重要なのです。

同じ言葉、似た言葉に言い換えよう

キーワードの言い換えでよく使うのは、同じ言葉（同義語）や似た言葉（類語）です。

【同じ言葉・似た言葉の例】

- ＡＩ ⇅ 人工知能
- インプット ⇅ 読む、聞く、入力
- アウトプット ⇅ 書く、話す、出力
- 断捨離 ⇅ 捨てる、手放す、整理する、断つ
- エモい ⇅ 感情的になる、レトロ、懐かしい

・キモい　⇅不気味、ぞっとする、グロテスク、汚い
・バズってる　⇅爆発的に話題になる、流行、注目
・ご当地グルメ　⇅郷土料理、B級グルメ、地域ブランド
・NGO　⇅非政府組織
・厚生省　⇅厚生労働省
・ウィリアム・モリス　⇅William Morris
・色の効果　⇅色彩心理学

インプット・アウトプットは、もともとコンピュータ用語の入力・出力ですが、辞典では「考え・意見の投入」「書き出す」という意味もあります。最近は後者の意味で使われることが多いでしょう。

断捨離は、やましたひでこさんが生み出した片づけ術です。辞書には載っていませんが一般的な言葉です。

エモい、キモい、バズってるは、友だち同士なら問題ないですが、真面目なシーンでは相応《ふさわ》しくありません。言い換えることで、相手にも伝わりやすくなります。

厚生省は厚生労働省の昔の名前です。名前が変わった２００１年より前の情報を探すなら厚生省がキーワードになります。

William Morris のように海外の人物は、英語にしたほうが情報も広がります。地名や作品名も同じです。

色の効果は暖色系が暖かく、寒色系が冷たいといった感覚ですが、専門用語で表すと色彩心理学になります。色彩心理学をキーワードにすることで専門的な情報が多い本に出会えます。

反対の言葉に言い換える効果とは?

「きれいは汚い、汚いはきれい」（シェークスピアの戯曲『マクベス』より）

キーワードを反対の言葉で表してみると、物事を違う視点で見ることができます。答えに行き詰まった悩みが、頭の中でグルグル巡って言葉にできない……。

そんなときは、反対から捉えてみましょう。きっと解決策が出てきます。

たとえば起業したいと思っていると、つい「成功した方法」が気になります。でも

「失敗談」から学ぶことも多いはずです。

では「部屋を片づける」を反対にしてみましょう。反対は「部屋を片づけない」ですが、さらに「部屋を片づけずに済むにはどうする?」に置き換えると、モノを厳選する〝断捨離〟や、モノを持たない〝ミニマリスト〟に行き着きます。

片づけるのが苦手な人ほど、収納や掃除の方法をたくさん調べています。ですが、なかなかうまくできなくて、自己嫌悪におちいりがちです。

ならばいっそのこと、キーワードを反対にしてみましょう。収納をがんばるより、モノを減らしたほうが自分に合ったやり方かもしれません。

語彙を増やすには新聞、雑誌、本が最適!

キーワードの言い換えは、知っている言葉の数が豊富なほどうまくできます。

言葉を増やすためには、本や新聞を読んだり、辞書で確認したりすることがいちばんです。

もちろん、テレビやネットでも知ることができます。ただし、間違った情報が書いてあったり「ヤバい」「ウマっ」「ガチで」などの言葉であふれていたりするので、注意が必要です。

本項の最初に紹介した『マンガで笑って、言葉の達人！　超こども言いかえ図鑑』は、ヤバいなどの言い換えがマンガで面白く書いてあるのでおすすめです。

最新のニュースや話題に強いのは新聞、次に雑誌です。

新聞は紙面のスペースが限られているので、言葉の説明がない場合もあります。雑誌のほうが特集を組むため情報量は豊富です。

新聞と雑誌の両方を使うと、より効果的でしょう。

本は発売までに時間がかかるので、最新情報には弱いですが、その分より詳しい情報が載っています。

正確性も高く、専門的な言葉ほど本が有利です。

たとえばＡＩの場合、ChatGPT の最新ニュースなら新聞、最新の使い方を知りたいなら雑誌、定番の使い方やＡＩの歴史を詳しく知りたいなら本、という感じです。

どれだけ語彙力が高い人も、生まれた瞬間から言葉を知っている人は誰もいません。

もし語彙力に自信がないなら、まずは1冊の本を読むことから始めてみましょう。
台湾のデジタル担当大臣で有名なオードリー・タンも、こう言っています。

「私にとって『読書』とは本を読むことではなく、自分の興味のあるキーワードを理解することなのです。本は、あるキーワードを描写している媒体です」（アイリス・チュウ著『何もない空間が価値を生む　AI時代の哲学』文藝春秋）

分類・件名をキーワードにする

なんで「請求記号」って言うの？

分類、件名、請求記号、配架場所……。

図書館の言葉は画数が多くて難しいものばかりですよね。

漢字が苦手な人は、見ただけで「うげっ」となるかもしれません。司書の私でも、紙に手書きするとき、正直ちょっと面倒だと密かに思ってきました。

本の背中にあるラベルを「請求記号」と呼びますが、これは昔、図書館の本がすべて書庫に入っていたことの名残です。書庫から出してもらう（請求する）ために必要だった番号が「請求記号」となりました。

図書館の言葉はちょっと難しいですが、覚えておいて損はありません。

知っているかどうかで、自分に合った本に出会える確率が変わるでしょう。

「分類」って何?

図書館の本を検索するときは、分類と件名がキーワードになります。分類はテーマのことです。図書館の本のラベルの1段目に書いてある数字です。図書館の本はこの番号順に並んでいます。いわば住所のようなものです。

この数字を使って、本の内容を分類（テーマづけ）しています。数字にはそれぞれ意味があります。

0総記　1哲学　2歴史
3社会科学　4自然科学　5技術
6産業　7芸術　8言語　9文学

さらに細かくすると、たとえば気象学なら「4自然科学→45地球科学・地学→451気象学」となります。

同じ数字の本は同じテーマについて書いてあります。ですから、あらかじめ本のタイトルを決めていなくても、この数字さえ知っていれば、直接棚に行って知りたいテーマの本を見つけることができます。

注意すべきなのは、本の内容には複数のテーマが含まれるものもあることです。

たとえば、お米。農業としての米なら611、ご飯なら596、稲紋なら288といったふうに場所が変わります。

請求記号（ラベル）の数字は1つしかつけられないので、検索で調べてみて番号がバラバラだったら、いくつかの番号の棚に行ってみるといいでしょう。このとき、思わずいい本に出会えたりします。

蔵書検索の画面には「分類」の項目もあるので、数字を入力してテーマを絞って本を探すこともできます。

「件名」って何？

件名もテーマを表す言葉です。

ただし件名は、本のラベルには書いてありません。蔵書検索した結果に出てきます。

分類と同じで、1つの本に複数のテーマがあるときは件名も複数ついています。さっきのご飯なら「米飯」で、稲紋は「紋章」となります。

検索画面の中に件名の項目があるので、文字をクリックすると、その件名がついている本のリストが出てきます。

件名のメリットは、タイトルにテーマがわかるようなキーワードが書かれていない場合。ＳＮＳのハッシュタグと同じだと思ってください。内容を書いた文章がなくても、ハッシュタグがあれば、その投稿のテーマがすぐにわかりますよね。

分類・件名はなかなかマニアックな使い方ですが、知っておくと便利なキーワードです。

第5章

図書館を使いこなして
ネット時代を生き抜く

通勤・通学のルート上で図書館を使う

なぜ図書館を利用しないのか？

もし私の本を読んで「図書館に行ってみようかな」と思っても、身近な場所になかったらちょっと残念な気持ちになりますよね。

実際に、立地の不便さを感じている人がとても多いようです。アンケート調査でも、図書館を利用できない・利用したいと思わない理由の半数近くを占めています。

【図書館を利用できない・利用したいと思わない理由】

・図書館が近くにない
・図書館への交通が不便

・図書館の場所を知らないため
・図書館のサービス時間が短い（行きたいときには閉まっている）
（国立国会図書館『図書館利用者の情報行動の傾向及び図書館に関する意識調査』令和２年度より）


家の近くに図書館がない場合は、あきらめるしかないのでしょうか？

いいえ、**じつは住んでいるエリア以外の図書館も使える**のです。

本を読んだり、勉強したりするのは、誰でも自由です。もちろん、司書も探しものの相談に乗ってくれます。公共図書館は全国に約３３００館ありますが、どこでも同じです。旅行先で偶然見つけた図書館にも、遠慮なく入って使うことができます。

本を借りたいときは利用カードが必要ですが、誰でもカードを作れる図書館と、条件つきの図書館に分かれます。

でも、安心してください。条件といっても、その地域に通勤・通学している方、または近隣の地域、図書館が提携している市町村に住んでいる方は、貸出できる場合がほとんどです。身近に図書館があれば、本の返却もしやすいですよね。

とくに読書が苦手な人は、返却期限を目標にすると本を読む練習になります。期限があるほうが集中できるし、読書にも慣れて自信がつくと思います。

読み切れなくても、貸出カウンターでカードと本を渡すと延長の手続きをしてもらえます。オンラインで延長できる図書館もあるので、司書にたずねてみてください。

「カーリル」で便利な場所を見つける

どこでも図書館を使えるなら、通勤や通学のルート上にあるほうが便利ですよね。学校の帰りにすぐ寄れるので、もし部活で遅くなっても閉館時間には間に合います。

「カーリル」というサイトで探してみましょう。カーリルは全国の7400館以上の図書館の場所を調べたり、まとめて本を検索できるサイトです。

とくに便利なのは本の検索。複数の図書館を選んでから本を探すと、どこの図書館にその本があるのか一括で表示され、貸出中かどうかがわかります。わざわざ図書館ごとに検索画面を開かなくて済むので時短です。

また結果には公共図書館だけでなく、大学図書館、専門図書館（企業・団体）も出てくるので、近くに図書館が見つかる可能性が高いです。もちろん大学図書館と専門図書館も利用できますよ。

【カーリルの使い方（https://calil.jp）】

「図書館マップ」をクリックしてください。

画面上部のメニューか、見当たらなければ「≡」の中に「図書館マップ」が入っています。

使い方は2種類あります。

①　検索ボックスに地域名などを入れて検索
②「現在位置から探す」

①の場合、学校や職場の地名を検索ボックスに入れて検索すると、その付近の図書館がわかります。
②の「現在位置から探す」は、今いる場所の近辺の図書館をリストアップしてくれます。位置情報の利用を聞いてくるので「許可」を選んでください。
リストにある図書館名をクリックすると、地図やホームページが表示されます。

行く際はホームページにある開館日カレンダーと利用案内を必ず確認しましょう。

カーリルで本を探すときは、まず先に図書館を指定しないといけません。気になる図書館があれば「検索対象に追加」をクリックします。

次の画面で、選んだ図書館が「お気に入り図書館（検索対象）」と表示されます（ログイン画面が出てきても「今はログインしない」をクリックすれば大丈夫）。

その状態のままページの上部にある検索ボックスに、調べたい本のタイトルやキーワードを入れて検索します。

すると、本の一覧が出てくるので、タイトルをクリック。選んだ図書館の内、どこが持っているか貸出状況がわかります。図書館の設定を保存したいときは、ログインしてください。Googleアカウントなどで簡単に設定できます。

カーリルを使ってみると、意外な場所に図書館があることに気づくことも。自分にとって使いやすい図書館を見つけましょう。

図書館で集中力・創造性・記憶力を上げる

立ち読みで集中力を上げる

スマホやパソコンの前に座っているだけで情報が手に入る時代に、わざわざ図書館へ行くなんて時間のムダな気がする。

図書館を使わない人の中には、そんなふうに感じている方がいるかもしれません。

たしかに、そのような見方もできますが、一方で**図書館は集中力や創造性を高めるには最適な場所**なのです。

ベストセラー『スマホ脳』（新潮新書）の著者で、精神科医のアンデシュ・ハンセンは『運動脳』（サンマーク出版）という本の中で、集中力や記憶力、読解力、創造性、ストレスの抵抗力を高めるには「身体を動かすこと」だと言っています。

具体的には立つ、歩く、移動する。じつは図書館に行くだけで、同時にこの3つの方法ができてしまいます。

ふだん、じっくりと本を読むのは苦手なのに、立ち読みだとなぜか集中して読めてしまう。そんな経験はありませんか？

それは偶然ではありません。勉強や仕事は、立ってすると脳が効率的に働くということがわかっています。

ある研究チームが、子どもの読解力や問題を解決する力について、学力調査をおこないました。教室で立ち机を使い、子どもたちにも立って授業を受けさせたのです。

立ち机を導入する前と後で、脳にどんな変化があったのか比べてみると、前頭葉が活発化していました。そのため、集中力と記憶力が高まったのです。さらに学力テストの点も上がりました。

図書館で本を選ぶときも、まずは立ち読みがおすすめです。本の目次や著者のプロフィール、まえがきの数ページを立ったまま読んでみましょう。すると、自分にとって必要な本なのか、その場で判断できます。

体に無理のない範囲でしてもらえばいいですが、私の経験上でも座って読むのと立って読むのでは集中力が断然違います。読むスピードもいつもより速く、欲しかった情報にもすぐ目を向けることができます。もちろん、書店でも同じことが言えますが、立ち読みは図書館のほうが気兼ねなくできますね。

図書館を歩き回ると創造性が増す

いつも司書をしていて思うのですが、とにかく図書館の中ではよく歩きます。階段やエレベーターで上がったり降りたり。ワンフロアでも棚のあいだをウロウロ。大きな図書館の地下書庫では、司書が自転車に乗って移動するほどです。

とくに慣れていない図書館で本を探そうとすると、棚やフロアを間違えて行ったり来たりする羽目に。それは司書でも同じです。

まるで迷路みたいな図書館に比べ、書店やブックカフェはずっと親切です。大きな違いは本の置き方。たとえば『猫の飼い方』という本を探していたとします。

書店やブックカフェの場合、猫の飼い方のそばに猫の写真集や小説、文房具などのグッズも並んでいることがあります。

一方の図書館は、ひたすら請求記号（第4章参照）の順で並べます。猫の飼い方はペットの棚、写真集は美術、小説は文学と場所を分けていて一緒には置きません。だから、もし図書館で猫の本を探そうとすると、あちこち棚から棚へ歩かされるわけです。

一見、不親切なように感じるかもしれませんが、じつはこれが図書館の仕掛けの一つ。**歩き回ることでアイデアが浮かびやすくなるのです。**

歩くと創造性が増すことは科学的にも立証されています。創造性を測る数種類のテストを受けた人たちの内、歩きながらテストを受けたグループが好成績をあげたのです。実際に進化論で知られるチャールズ・ダーウィンは、屋敷のまわりにあった散歩道を何時間も歩いて問題を考え続けていました。あのスティーブ・ジョブズも、長時間の散歩で有名で、歩きながら会議をする「ウォーキング・ミーティング」をおこなうほど。

日本でも、京都の銀閣寺の近くに哲学の道という場所があります。桜の名所として人気ですが、名前の由来は哲学者の西田幾多郎《にしだきたろう》が毎朝この道を歩いて思索していたから。

創造性を増すためには、歩いた場所は関係ありません。屋内でも同じ効果がありま す。**考えごとをするときや、アイデアが欲しいときは、図書館の棚のあいだをウロウロ**

してみましょう。問題を解決してくれる本にきっと出会えます。

移動して記憶力をアップする

〝集中している人〟を思い浮かべてください。おそらく机の前でジッと何かに没頭しているイメージだと思います。

ちなみに、私は同じ場所にジッとしているのがとても苦手です。同じように集中力に自信がない方もきっと少なくないでしょう。

そんな方々に朗報です。同じ場所にジッとしていられなくても大丈夫。**むしろ、場所を変えて作業したほうが脳は活性化し、とくに記憶力に大きな影響があります。**

精神科医でベストセラー作家の樺沢紫苑さんも1日に3回、仕事をする場所を書斎・カフェ・事務所と変えているそうです。場所が変わると気分転換になり、集中力もリセットされ、執筆がものすごく進むと、著書の『インプット大全』（サンクチュアリ出版）に書いています。

勉強や仕事をするときは、自宅とカフェにもう一つ、ぜひ図書館も加えてください。

図書館で「セレンディピティ（幸運）」と出会う

「セレンディピティ」とは何か？

「幸運は備えある者のみに訪れる」（フランスの細菌学者ルイ・パスツール）

運のいい人とよくない人、その違いはなんでしょうか？

科学の世界ではよく、予想外の事態、失敗やトラブル、偶然聞いた話をきっかけに問題が解決することがあります。重大な科学的発見の30〜50％程度が、そんな偶然で生まれたとも言われるほどです。

このような思いがけない幸運は「セレンディピティ」と呼ばれています。

たとえば、龍谷《りゅうこく》大学の丸山敦《まるやまあつし》教授（魚類生態学者）の「髪」に関する研究です。

丸山先生は、水生生物が何を食べているか調べるのが専門です。けれど以前から人間の食についても興味がありました。

人間の髪を同位体分析という技術を使って分析すると、ファストフードの輸入肉をたくさん食べている、魚料理が好きというように食生活がわかります。ところが人間は魚と違って話せるので、丸山先生はあまり面白さを感じていなかったそうです。

そんなとき、国文学研究資料館で日本文学の研究をしている入口敦志《いりぐちあつし》先生が「古い書籍から人の髪の毛が出てくる」と話していることを、偶然ほかの人から聞いてピンっとひらめいたのです。

本には発行された場所と年が書いてあって、研究材料にもちょうどいい。これまでの研究は、遺跡や墓から人間の組織を掘り起こすという方法でおこなうしかありませんでしたが、本を使えば安価に、倫理的な抵抗も感じずに研究も早く進められます。

江戸時代は、庶民にも本を読む文化が広がった時期で、その需要の高まりに応えるために、本の表紙には再生紙の厚紙が使われるようになりました。この再生紙に毛髪が漉《す》き込まれているので、ピンセットで取り出していきます。しかも、龍谷大学は仏教系の大学なので、江戸時代のコレクションが膨大で本を集めるのも有利でした。

こうして「古書籍の紙から出てくる毛髪で過去の食生活を推定する」という新しい研究手法は、メディアで取り上げられるほど話題になりました。私がこの話を知ったのもテレビ番組です。私の自宅にはテレビがないので、実家へ行ったときの偶然でした。

セレンディピティには条件がある

落ちていくリンゴを見たニュートン、カビをうっかり生やしたフレミング、そして先ほどの事例はまさにセレンディピティの結果です。

『セレンディピティ 点をつなぐ力』（クリスチャン・ブッシュ、東洋経済新報社）では、セレンディピティを「予想外の事態での積極的な判断がもたらした、思いがけない幸運な結果」と定義しています。

「予想外」というと単なる偶然のようですが、幸運にも起きる条件が2つあります。

① 前から発見の努力を惜しまなかった・準備をしている

② 思いがけない状況・失敗・挫折

チャンスが巡ってきたとき、幸運の感度が高い人はすぐ飛びつきます。一方でボーっとしている人や、他人の指示でしか動かない人はチャンスを逃しがちです。

科学者たちも、研究し続けていたからこその発見でした。偶然の点と点を見つけ、成功へつないでいったのです。

もう一つ重要なのが、思いがけない状況です。失敗したり、挫折したりしたときにこそセレンディピティが起きやすいのです。

目の前に２つの道があります。片方はいつもの歩き慣れた道、もう片方は通ったことがない道。「今日は時間があるし、こっちの知らない道を通ってみようかな」と思える人は、幸運の条件を持っています。

つねに予定どおりで、冒険を嫌う人は新しいものに出会うチャンスも減ります。コンフォートゾーンから出てこないからです。

幸運にも引き金が必要。引き金は「思いがけない状況」「失敗・挫折」です。

でも、自分から進んで辛い目にあうなんて、誰だってイヤですよね。できれば順風満帆がいい。

そこで、何もリスクを負わずに「思いがけない状況」「失敗・挫折」の状況を作り出し、幸運の引き金を引くのが、図書館なのです。

図書館で思いがけない状況になる

図書館は書店やブックカフェとは違い、古い年代から新しいものまで、本が大量にあります。

書店では売れ筋の本を置きますが、図書館は売れ行きに関係なく本を選んでいます。

また置き方・並べ方も、書店はPOPやパネルをつけておすすめしますが、図書館は期間限定の展示コーナー以外はPOPなどつけず、本についたラベルの分類どおりに並べるだけ。

書店やブックカフェのほうが、見やすくて親切に感じる方も多いかもしれません。

でも、そんな図書館の環境が、じつはセレンディピティには最適です。年代も分野も違う本が1つの場所に集まるなんて、なかなか混沌《こんとん》としていると思いませんか？

売れ行きのいい本や発売されたばかりの本は、無意識にどこかで見聞きしたことがあるので、見つけてもそれほど驚きはないでしょう。でも図書館だと、見たことも聞いたこともない本が棚に並んでいるわけです。

偶然「何だ、この本は？」みたいなものに出会ったとき、セレンディピティは発動します。

たとえば猫の飼い方の本を探しているとき、そのまま視線を動かして『カラスは飼えるか』（松原始、新潮社）という本を見つけると、別にカラスを飼う予定はなくても、ふと「カラスって飼えるの？」と気になりますよね。

図書館では、こういった思いがけない出会いを作るために、あえて〝おすすめ〟もしません。誰かのおすすめは本を探す参考にもなりますが、一方で先入観にもなるからです。

誤解をおそれずに言うと、おすすめを見てしまうと、自分の直感のノイズになってしまう可能性もあります。だから図書館は、自分の直感に従って選びやすいように、あえて分類どおりに並べるやり方をしています。

幸運をつかみたいなら、図書館の棚の間を歩き回ってみましょう。ポイントは、頭の中に自分が知りたいことを思い浮かべておくこと。すると棚の中から妙に気になる本が現れます。

司書の中には、ときどき「本探しの名人」がいます。ほかの人が見つけられない本を、その司書ならどこからともなく見つけてくるのです。本があった場所は、全然違う棚です。

実際に、私もほかの司書から頼まれて探すことがあります。本が指定の場所になかったので、適当にフラフラ歩いていると、ふと全然違う棚の真ん中辺りに紛れ込んでいるのを見つけます。ほかにも、なんとなく気になった本棚の裏を覗いてみたら、探していた本が落ちていることも。自分でも不思議です。

セレンディピティ（幸運）に出会うには、思いがけない状況（カオス）にいること。ぜひ図書館に行って思いがけない出会いを楽しんでください。

AIはドラえもん、あなたはのび太？

「もしドラえもんがいたら」が現実に？

「ドラえも～ん！　何かいい道具出してよ～！」

子どものころ、私は毎週金曜日にテレビで『ドラえもん』を見ていました。「しょうがないなー」と渋々ながら、ドラえもんはいつだってピンチを救ってくれます。

当時は〝暗記パン〟が欲しかったのですが、大人になった現在は〝どこでもドア〟を福島県会津若松市にある「満田屋」という、おいしいみそ田楽のお店につなぎたいと思っています。

冗談はさておき。ドラえもんが好きな方なら、一度は「もしドラえもんがいたら、どんな道具を出してもらおう」と空想したことがあるでしょう。

今、それが現実化しつつあるのです。

きっかけは2022年11月に登場したChatGPT。ChatGPTは、アメリカのOpenAI社が開発した対話型AI（人工知能）です。人間が「プロンプト」という文章で質問や作業の指示をすると、自動的に回答を作成します。ChatGPTが画期的なのは、まるで人間が話すような自然な文章を作ることができるからです。

そのおかげで、AIを活用できる範囲が広がりました。文章作成、要約、翻訳、企画提案、情報収集、表作成、画像生成など、ほかにも使い方がさまざまです。時には人生相談にも乗ってくれます。

ChatGPTの機能を聞いたとき、頭に浮かんだのがあの青色の猫型ロボットでした。

そう思っているのは私だけではありません。台湾の天才プログラマー、オードリー・タンも『オードリー・タン 自由への手紙』（講談社）で、AIをこう表現しています。

「ドラえもんこそ、支援のAIのモデルかもしれません。社会になじみ、うまくやっていけるように助けてくれる。それればかりか、のび太がのび太らしく成長できるように、手伝ってくれる」

ChatGPTが明るみにしたもの

そもそも、なぜドラえもんは22世紀から来たのでしょうか？

のび太が楽をするため？

いいえ。ドラえもんは、のび太の未来の孫の孫にあたるセワシから、のび太を成長させるように頼まれてやってきたのです。

では現実のドラえもん、ChatGPTと私たちの関係はどうでしょうか。

「ＡＩがやってくれるから読む、考える、書く必要なんてない」

「誰でもＡＩで絵が描けるから、アーティストもいらない。俳優もいらない」

「ＡＩパイロットがいるなら、人間のパイロットもいらない」

これでは、ドラえもんがいないと何もできないのび太と、あまり変わりません。登山好きの人が「ドローンがあれば山頂の景色が見られる、もう山登りはしなくていい」と言っているようなものです。

ＡＩの役割は、ユーザーを補助すること。煩雑な仕事をＡＩに任せ、本当にしたいことに集中したり、新たなものを創造したりするため、ＡＩをサポートとして使うのが目的です。

私の知り合いには芸術家がいます。漆芸家、日本画家、洋画家、グラフィックデザイナー、ファッションデザイナー、仏師、陶芸家、ヴァイオリニスト。彼らの創作活動を間近で見ているからこそ、「ChatGPTの画像生成があればアーティストはいらない」といった言葉を聞くと、とても悲しい気持ちになります。

ハリウッドでは、俳優や脚本家たちがストライキをしました。ＡＩの登場以前に、彼らへのリスペクトが、そもそも足りないのも原因ではないでしょうか。

ChatGPTが明るみにしたものは、人間の腹の底にある価値観なのかもしれません。

ＡＩを自分の成長のために使うかどうかは、自分次第なのです。

ＡＩ開発に関わる司書たち

そんな新たな時代の中で、図書館はどのように役立つことができるのか、正直言うとまだ模索中です。ただ1つ確かなのは、ＡＩの開発には司書が関わっていること。

ChatGPTは、プロンプトと呼ばれる指示文で動きます。よい結果を引き出すには、的確な指示が必要です。そのため、キーワード化や質問の意図を考えるのが得意な司書が選ばれています。いわばＡＩの先生です。

まるで私が大学生に情報の探し方を教えるように、司書がＡＩに答えの導き方を教えています。このような職業を「プロンプトエンジニア」といいます。Googleが出資するアメリカの企業でも「プロンプトエンジニア兼司書」を募集中です。

つまり、図書館や司書の知識が、ＡＩをうまく使うためのヒントになります。

本書ではほかの章を通して、図書館の使い方・司書の思考法をお伝えしてきました。それらを踏まえて、改めてＡＩの利用に役立ちそうなポイントを絞って、次のページでご紹介していきましょう。

AIを使って情報検索する

Bing AIで情報検索する

ChatGPTは文章を作るときや、アイデアが欲しいときに便利です。

ただ弱点は、リアルタイムの情報やローカル情報では正しい回答が得られないこと。データが2021年9月までのものだからです。

ですから、情報検索には今までどおりGoogleなどの検索エンジンを使ったほうがいいでしょう。

ところが最近、AIと検索エンジンが合体したBing AIが誕生しました。

Bing AIはマイクロソフトの検索エンジン「Bing」に搭載されたAIのサービスです。Googleと同じ検索エンジンのため、最新の情報を含めて検索できます。

ＡＩとしての性能はChat GPTの有料版と同じ、最新バージョンのシステムを使っています。それをBingでは無料で使えるのがメリットです。

ただしChatGPTに比べると、文章作成は苦手で、やり取りを保存しておくことができません。現在１日に使える回数も制限されていますが、緩和方向には向かっているようです。

使い方は、アプリをダウンロードするか、Google検索で"Bing AI"と入力すると公式サイトが出てきます。詳しくは公式サイトやYouTubeを参考にしてください。

画面にある「チャット」をクリックすると、文章を入れるボックスが出てくるので、そこにプロンプトを入れていきます。

入れ方はChatGPTと同じですが、違うのは回答です。回答の文章には下線がついていて、その部分をクリックすると、回答の根拠になったWebページが出てきます。

Bing AIとChatGPTの大きな違いは、根拠が示されているかどうかです。

ＡＩは、回答の正確性までは保証してくれないため、人間が情報を確認しないといけません。でも、それはネット検索でも同じことでした。

ただネットで検索するときは、検索結果からクリックして見ていたので、情報の発信元は目に入ってきました。

でも、ChatGPTのように、文章としてまとめられた状態で表示されてしまうと、もとになった情報の出所がわかりません。出所がわからないと、正確性を確認することが難しい。その問題を解消したのが、Bing AIです。

使い分けとして、**情報検索はBing AI、そこで出た回答をChatGPTを使ってまとめる**という形がいいでしょう。

Bing AIを使って本を探す

たとえば「スパイと司書の関係について書かれた本を知りたい」をプロンプトにすると、本のタイトルがAmazonなどのリンクつきで表示されます。

その中にあった『スパイの歴史』が気になったので、近所の図書館にあるかどうか聞いてみましたが、本の所蔵までは教えてくれませんでした。

ただ、蔵書検索（OPAC）のリンクや利用方法、予約についても教えてくれるので親切です。

今度はプロンプトを「大阪市立図書館に所蔵されているスパイについての本を知りたい」に変えると、2冊だけ表示した上で、ほかの本は図書館の蔵書検索から探すように言われました。

ちょっと紹介された本が少なかったので、今度はキーワードを調べます。

たとえば「スパイと図書館の関係について知りたい」をプロンプトにしてみると、スパイと図書館の共通点（情報を取り扱うこと）や暗号解読の歴史、小説や映画では図書館が暗号を隠す場所になっているといった情報が書かれてありました。

その文章からキーワードを抜き出してもいいのですが、改めて「スパイと図書館の関係について知るためのキーワードを10個教えて」と聞いてみました。

すると、情報リテラシー、スパイ、秘密文書、図書館員、暗号解読、アーカイブ、諜報活動、図書館資料など専門用語も含めて出てきました。

ChatGPTを搭載した蔵書検索を開発中

情報を調べるとき、最初はどんなキーワードで探せばいいか、わからないですよね。

ＡＩは、そんなときの補助として使えます。「キーワードを教えて」と聞いてみた後に、情報検索に進むとスムーズです。

図書館に所蔵があるかどうかは、まだBing AIではうまく表示されませんので、図書館のホームページにある蔵書検索か、カーリルを使って調べましょう。

じつは今、カーリルではChatGPTを搭載した蔵書検索を開発中です。もし本が見つからなかったときに、適切なキーワードを提案してくれて、それに合わせた本を図書館の中から見つけてくれます。

まだ実験中ですが、おそらく導入される日もそう遠くないかもしれません。少しずつですが、図書館もデジタル化へ向かっています。仮想空間の「バーチャル図書館」も開発中です。

プロンプトのキーワードを具体的にする

ChatGPTの使い方、注意点、苦手なこと

「プロンプト」という言葉自体が聞き慣れないため、ChatGPTを使うのはとても難しいように感じるかもしれませんが、要はチャットと同じです。

ここでは3つの方法を紹介しますが、ふだんLINEやGoogle検索をしている人なら問題なく使えます。

【ChatGPTの使い方】

・ChatGPTの公式サイトでアカウントを登録する（スマホ版・PC版／無料版・有料版）

OpenAI（ChatGPTの運営会社のウェブサイト（https://openai.com）にアクセス

・ChatGPTの公式アプリ（似たような偽物アプリに注意）
・LINE「AIチャットくん」に友だち登録する（回数制限あり）

どれもアカウントを登録するだけで、無料版から誰でも利用できます。有料版は、無料版よりバージョンアップしたシステムを使用しているので、より精度の高い結果が出ます。

気軽に始めたい方は、まずは無料版で十分でしょう。アプリは、ロゴがよく似た偽物アプリを間違ってダウンロードしないように注意が必要です。詳しい登録・操作方法はネットやYouTubeを参考にしてください。

また、ChatGPTにも苦手なことやしてはいけない注意点があります。

【ChatGPTの注意点】

・回答の正確さは保証していない
・個人情報や機密情報はプロンプトには絶対に入力してはいけない
・倫理的、法的な問題には対応できない

【ChatGPT の苦手なこと】

・リアルタイム情報（天気、ニュース）
・ローカル情報（店情報、観光スポット）
・高度な計算

「ＡＩ」と聞くと、完璧な答えを出してくれそうなイメージですが、実際は違います。回答の正しさを判断するのは自分しかいません。ＡＩはあくまでデータに基づいた確率的な回答を作成しているだけなのです。

また、リアルタイムの情報や地域的な情報のデータは持っていないため、正しく答えられません。

とくに注意してもらいたい点は、プロンプトへの個人情報・機密情報の入力は避ける、ということです。自分が入力したプロンプトの一部が、ほかの利用者の回答に使われる場合があるからです。

住んでいる場所が推測されるなどの危険性が高まります。

言葉を言い換える力（語彙力）が必要な時代

ＡＩにいい回答をしてもらうには、人間側がＡＩにいい質問・指示をする必要があります。人間同士の会話とよく似ていますね。

ただ、人間の場合は空気を読んだり、忖度したりもできますが、ＡＩはできません。「察して欲しい」と望んでも伝わらないのです。今まで相手が人間だったので曖昧で済ませられたことが、ＡＩには通用しなくなります。

つまり、ＡＩを使いこなすには、言葉を言い換える力（語彙力）がとても重要なのです。

最初の質問で望む回答が得られないとき、もし言い換える力がないと、次にどうすればいいかわかりません。

一方、言い換える力がある人は、キーワードを次々と換えて、別の視点からプロンプトを作ることや、Whyで深掘りしていくことができます。

ＡＩがあれば、読む・書く・考える必要がなくなると思われがちですが、本当は真逆。**ＡＩの時代こそ、読む・書く・考えることができる人のほうが有利なのです。**

もしＡＩを使いこなしたいなら、ハウツー的に「プロンプトにこう入力すれば回答が出る」と暗記するのではなく、自分自身の言葉の言い換え力をきたえることに意識を向けましょう。

プロンプトは5W2Hを使って具体的にする

プロンプトは本を探す・読むときと同じで、自分の知りたいことをキーワードを使って表します。

ポイントは2つ。「①具体的な質問をすること」「②何度も質問を繰り返す」です。

その際、先に説明した司書の思考法「５Ｗ２Ｈ」が役立ちます。プロンプトの回答の範囲が広くなりすぎたときは〝制約条件〟をつけることで、回答を絞っていきます。制約条件は文中に入れたり、「＃制約条件：」の後に箇条書きにして書き込みます。

たとえば、よく使われるのがHowとWhoです。

【Howのプロンプト】

・うまく文章を書くコツを４００字で教えてください

・この文章を、小学生でもわかるように要約してください。

「400字で」「小学生でもわかるように」などの詳しい指示をプロンプトに書きます。もし一度の回答で満足できなかったら、また新しいプロンプトで条件を追加していって、自分の望む形になるまで続けます。スターバックスで注文するときに、トッピングを追加してもらうような感じです。

制約条件の例としては、ほかにも「関西弁で」「〞愛情〟というキーワードを入れて」「4つ」「です・ます調を使う」「わかりやすく簡潔に」「専門用語を避けて」「英語に翻訳」などがあげられます。

【Who のプロンプト】

・私はドラッグストアの商品開発部門です。冬に販売する20代男性向けのスキンケアの企画書を作ってください
・中高生を対象に、勉強の悩みについてアンケートを実施したい。アンケートの質問事項を作成してください

・あなたは有名な一流コピーライターです。下記の図書館の活用法から、キャッチコピーを作ってください

・明日はデートです。あなたはラッパーになりきって、私を励ましてください

質問者（自分）の立場や対象者をプロンプトに入れます。本を選ぶときも同様ですが、対象を誰にするかによって、話が大きく違ってしまうからです。

さらに、具体的に人数や地域名も入れたほうがいい場合もあります。

逆に、こちらがＡＩの立場を指定することもできます。「あなたは一流コピーライター」「ラッパーになりきって」など面白い使い方もできますよ。

イノベーションは図書館で起きる

「AIに仕事を奪われる」は本当か？

では逆に、人間にしかできないことは、いったい何でしょうか？

「AIに仕事を奪われる」

よくネットやテレビで聞きますよね。とても不安になる言葉です。ですが、本当に「AIが仕事を奪う」のでしょうか？

いいえ、**奪うのは〝AIを使いこなす人間〟**です。まずそこに気づくかどうかで、AIに対する得体の知れない不安感が変わります。

AIはあくまで道具です。うまく使った人が今後の社会でも仕事を失いにくいということ。パソコンがいい例です。

つまりパソコンと同じように、AIを使いこなしている・理解している人の真似をすればいいのです。

それは誰かというと、いちばんは開発側の人たちでしょう。AIの開発に力を入れている企業はxAI、Microsoft、Googleです。

じつは、3社には共通点があります。なんと、それが図書館なのです。

イーロン・マスク、ビル・ゲイツ、ラリー・ペイジと図書館

3社とも図書館とは真反対のデジタルの先端企業です。ですが、創業した人物たちの背景には図書館が潜んでいます。

【イーロン・マスクの場合】

xAIはイーロン・マスクが設立したAIの新企業です。

Twitterを突然Xに変えた経緯があるせいか、大胆不敵で強気なイメージの彼ですが、じつは子どものころはかなり深刻ないじめにあっていました。集団で殴られたり階段から突き落とされたりして、大けがを負って病院で手術を受けたことも。

イジメが心の傷となり、結局中学と高校を何度も転校しています。友だちが少なく人見知りで内向的な子どもでした。そんな彼の心を支えていたのが、図書館とプログラミングでした。マスクもこう言っています。

「子どもの頃は、どこにいても絶えず本を読んでいた。（中略）いじめられる条件がそろっていたんだ。ありとあらゆる言葉でののしられては、殴られる日々だった」
「ハードウェアの作り方を学ぶ必要があった。（中略）とくに本が重要だね。人と話すよりも本を読むほうが、情報の入ってくるスピードが断然速い」
（『イーロン・マスクの生声』ジェシカ・イースト編、文響社）

「イーロン・マスクは図書館に入り浸って、ずっと本を読んでいた」と当時の先生が証言しています。

とにかく書棚にある本を、片っ端から読破していました。学校の授業で習わない範囲の知識にとても関心が高く、**図書館こそ多くの知識が手に入る場所だと思っていた**そうです。

【ビル・ゲイツの場合】

２０２３年5月、京都府立植物園の敷地内にある「きのこ文庫」から、Microsoft創業者のビル・ゲイツが世界１００か所に贈った「人生最高の本５冊（と妖精の人形）」が発見されました。このプロジェクトは、YouTubeでも"Around the world in 100 Little Free Libraries."で公開されています。

「きのこ文庫」では、誰でも自由に本を手に取れるように置いてあり、子どもたちからも人気です。このような街中にある小さな本棚を"Little Free Libraries"というのですが、ゲイツは世界１００か所にクリスマスプレゼントとして、こっそり本を置いて行ったそうです。

彼も、子どものころから町の小さな図書館に入り浸っていました。そのとき身につけた読書習慣が、今の自分を作り上げた原動力だと話しています。

さらにゲイツは、自ら運営する慈善団体「ビル・アンド・メリンダ・ゲイツ財団」を通じて、図書館への支援活動を積極的におこなっています。彼の目標は、貧困地域や地方の情報格差を減らすこと。情報格差も貧困の一因だと考えているからです。

そのため、全米の公共図書館にパソコンとネットを導入し、パソコンのレクチャーまでおこなうプロジェクトを実施しています。図書館にパソコンとネットを導入することについて、ゲイツは「公共図書館がコミュニティの中で、いかに重要な役割を担っているかを、地域の人々に思い起こさせるチャンスである」と語ります。

【ラリー・ペイジの場合】

ラリー・ペイジは、Google の創業者です。じつは Google が誕生した背景には、別の研究プロジェクトが存在していました。それが「全米科学電子図書館」です。

これは、アメリカの図書館が所蔵する本をデジタル化して、ネット上で公開するというプロジェクトです。もちろん、同じチームには司書もいました。その研究過程で生まれたページランクが、Google 検索の要のシステムです。

その後 Google ブックスを始めたきっかけも、やはり図書館。大学図書館と公共図書館の本をデジタル化することからスタートし、今の Google ブックスの全文検索が完成しました。

図書館プロジェクトについて語るとき、ペイジはとても情熱的です。

「図書館にどういう本があるかがわかり、図書館に足を運ぶ人がもっと増えるかもしれない」

ペイジが掲げるミッションは「全世界の情報を集めて整理する」こと。この言葉は、図書館が大昔から目指してきたことでもあります。

図書館の混沌からXを生み出す

マスク、ゲイツ、ペイジの成長の陰には図書館がいました。これが単なる偶然なのかわかりません。しかし、少なくとも誰よりもＡＩ開発の先頭を走る人たちが、そろって図書館を重視している事実は注目してもいい点だと思います。

ＡＩを使いこなしている・理解している人から得た教訓は、「図書館を使おう」。

３人が図書館で育んだものは創造力でしょう。課題を見つける力、問いを立てる力とも言えます。図書館は、創造力を鍛えるには最適な場所です。さまざまな分野の情報が過去から現在のものまで集められています。

そのため、情報を分類によって整然と並べていますが、どこか混沌としています。創造力の源は、そんな「整然としたカオス」にあるのです。

これからの時代、情報量（知識量）をたくさん持っているというだけでは、通用しなくなります。ＡＩをどうやって自分の得意分野に活かすか、独自に考えて生み出すことが重要です。つまり、マスクたちのような創造力。そして創造力は、図書館をきっかけに生み出されてきました。

創造力とは一見、無関係に見えるものから、共通点を発見すること。アナロジーです。バードウォッチングがきっかけで、カワセミと新幹線の共通点を見つけたように。

一方、ＡＩは蓮の葉についた美しい水滴を見ても、それが撥水《はっすい》加工のヒントとはわからないのです。膨大なデータをもとに、ＡからＡ′（Ａダッシュ）を生み出すのは得意でも、前例のないものは答えようがありません。

でも、ＡからＸを生み出せるのは人間だけ。そこが人間とＡＩの大きな違いです。

Ｘとは「未知のもの」という意味。イーロン・マスクが好きな言葉も〝Ｘ〟でした。彼はひどいいじめを受けていた10代に、図書館で生涯追い求めるＸ（ＡＩ、宇宙開発）を見つけたのです。

仏師の夢を図書館で叶えた大学生

先生に門前払いされた学生の夢

私が美大に勤めていたとき、１人の彫刻学科の学生が図書館にやってきました。

彼は雅楽《ががく》の本を探していました。子どものころから図書館にほとんど来たことがなく、探し方がまったくわからないとのこと。私も一緒に本棚へ行って、２人で本を選んでいると、こう打ち明けてくれました。

「僕、仏師になりたいんです。でも、今いる学科では仏像は教えてもらえなくて。仏像や修復のことを勉強するために、歴史学科の文化財修復の授業を受けたい。けれど、歴史学科の先生に相談しに行っても、まったく話を聞いてもらえず、しかもバカにされてショックだった」

そう言って肩を落としていました。仏師とは仏像彫刻のこと。歴史学科の範囲ではないため、きっとカリキュラムの関係で断られたのでしょう。

私は正直、そこまで門前払いにしなくてもいいのではないかと、不満を感じました。何か少しぐらいアドバイスしてあげると学生も次の方法が見つけられるのに、と。

だったら、私がサポートしよう。そう思ったのです。

まず学ぶなら教科書が基本なので、その文化財修復の授業で指定している本を読むことを彼に勧めました。それから図書館の使い方や本の見つけ方、司書への相談方法も。

修復コースに入れなくても、図書館を使えば同等の情報は得られます。

もう一つアドバイスしたのは、誰か味方になってくれる人を見つけること。彫刻学科の先生に、もう一度詳しく相談してみるよう伝えました。大学外の人と交流するのも、いいチャンスがあると思ったので提案しました。

その後、彼は毎週のように図書館へ来るようになりました。教科書を読むだけでは足りず、より専門的な本を読むことや、ほかの大学から学術論文を取り寄せることもするようになりました。

最初に来たときは、1年生で本の並び方も知らなかった彼が、ほんの少しのアドバイスがきっかけで、大きく変化したのです。

とにかく熱心で、本や論文で得た知識を、そのまま仏像彫刻に活かしていました。美大では年毎に学生の展覧会をするのですが、彼の作品は年々上達して、卒業展では素晴らしい仏像が完成したのです。

図書館とは「夢を叶える場所」

さらに嬉しいことに、彼は大阪のある有名な社寺建築の会社に、正社員として就職することができたのです。仏師を仕事にするのは難しいと聞いていたので安心しました。

じつは、彼は作品制作の合間に、仏像や伝統文化に関係する人たちと積極的に交流していたそうです。就職は、その人脈から巡ってきたチャンスでした。卒業式、彼からこう言われました。


「つのださんがいなければ、僕は仏師になれなかった」

「図書館とは何か？」と聞かれたら、私は「夢を叶える場所」だと答えます。
これまで多くの学生を見てきました。図書館を自分なりにうまく使っている学生は、司書に何か尋ねるのは最初だけで、その後はどんどん自分で解決していきます。少し受け身がちだった学生も、困難を乗り越える力が高まっていくからです。

あなたの夢は何ですか？
何か困っていることはないですか？

図書館を使うことで、人生は変わります。
ピンチをチャンスに、チャレンジを成功に導く場所なのです。

おわりに
～出版コンペで勝てたのは図書館のおかげ

大きなチャンスは、たいてい思いがけないときにやって来るもの。それを身をもって知ったのが、本書を出版するときでした。

「本を書いてみたらどう？」

作家の加納敏彦さん（AI実践家・ファイナンシャルプランナー）にそう言われたのは、新宿の京王プラザホテルでお酒を飲みながら、司書のコミュニティづくりについて相談している最中でした。作家の石川和男さん（時間管理の専門家）が主宰する石川塾の出版コンペを勧められたのです。

出版コンペとは、著者候補の人々が本の企画書を書いて、出版社に向けてプレゼンする選考会です。選ばれると編集者と会うことができ、うまくいくと本が出版されて、全国の書店で売られることになります。本を出したい人にとっては大きなチャンスです。一般的に、出版コンペは東京でおこなわれることが多いのですが、今回は珍しく大阪。関西に住んでいる私にとって有利な話でした。

けれど正直、最初は不安で乗り気ではありませんでした。自分が本を書くなんて、今まで一度も考えたことがなかったからです。

急にそんなハードなことを言われても……と困惑していました。

普通なら、本を出版したい人たちは何年もかけて準備しているのに、私は企画書の書き方すら何も知らないような状態でした。

コンペの締切りまでたった2か月。圧倒的に準備不足の中、それでもチャレンジしようと一歩を踏み出せたのは、図書館の存在があったから。たしかに不安な気持ちもありましたが、一方で「まぁ、図書館を使えばなんとかなるでしょ」と楽天的に思えたのです。

企画書を書くためには、大量の情報を調べなければいけません。本のテーマを決める際も類書（ほかの著者が書いた同じテーマの本）の分析や、自分の知識を深めるために専門書を読む必要があります。

限られた時間と費用の中で大量の情報を手に入れることができたのは、本書で紹介した図書館の使い方、情報収集のコツ、思考法を知っていたからです。そのおかげでコンペに勝ち上がり、初出版を成しとげることができました。

私には好きな言葉があります。

「鷙鳥《しちょう》の撃《う》ちて毀折《きせつ》に至る者は節なり」（『孫子の兵法』勢篇）

現代語訳「猛禽《もうきん》がものをうちくだいてしまうほどに強い一撃をくだすのが、節《ふしめ》である」（金谷治訳『新訂孫子』岩波書店）

節とは、弓を放つ瞬間のことです。猛禽類のハヤブサもタイミングを見計らって、上空から時速300キロメートルで急降下し、飛んでいる獲物の鳥を蹴り落とします。

また、ハヤブサは古代エジプトでは天空の神ホルスとして表され、ホルスの目は「すべてを見通す知恵の目」として信仰されてきました。エジプトのモチーフでよく使われるあの「目」です。

チャンスは思いがけないときにやってきます。舞い込んだ獲物に狙いを定め、一気に急降下するために必要なもの。それは「情報」です。

古代エジプトには、世界最大のアレクサンドリア図書館がありました。『孫子の兵法』も、情報収集が戦の勝敗を決めることを説いている本です。ビル・ゲイツやイーロン・マスクの愛読書でもあります。

私が出版にチャレンジできたのは、図書館の情報力があったからこそ。けれど、その図書館のパワーは私だけのものではありません。

本書を読んでくださった方々も同様に、図書館の強力なパワーを使うことができるのです。本書を道標に、ぜひ今日から図書館を活用して、ご自分の夢を叶えてください。

最後に、加納敏彦さん、石川和男さん、秀和システム編集者の丑久保和哉さん、家族、そして読者の皆様に厚く御礼申し上げます。

つのだ由美こ

参考文献・Web等

○第1章

川上高司監修『インテリジェンス用語事典』並木書房、2022年
小谷賢著『日本軍のインテリジェンス　なぜ情報が活かされないのか』講談社、2007年
岡部伸著『「諜報の神様」と呼ばれた男　連合国が恐れた情報士官・小野寺信の流儀』PHP研究所、2014年
若林悠著『日本気象行政史の研究　天気予報における官僚制と社会』東京大学出版会、2019年
三重大学国際忍者研究センター、山田雄司先生（三重大学人文学部教授）「米国議会図書館所蔵史料からわかった忍者」（https://youtu.be/XC-0Vmp6fMQ?feature=shared）
マイケル・K・バックランド著、高山正也監訳・著作協力『イデオロギーと図書館　日本の図書館再興を期して』樹村房、2021年
小出いずみ著『日米交流史の中の福田なをみ　「外国研究」とライブラリアン』勉誠出版、2022年
ライザ・マンディ著、小野木明恵訳『コード・ガールズ　日独の暗号を解き明かした女性たち』みすず書房、2021年
ゆうこうちゃんねる（立命館大学文学部教授山崎有恒先生）「【諸説あり】世にも恐ろしい十津川郷士の物語」（https://youtu.be/cAhtzM14V6M?si=Ru_upfkKCpN7pO4Y）
司馬遼太郎著『街道をゆく12十津川街道　新装版』朝日新聞出版、2008年

藤木久志著『刀狩り　武器を封印した民衆』岩波書店、2005年
荒敬著「占領期における非軍事化と武装解除：特に「占領軍の刀狩り」を中心として」『史苑』51(2)、15－40、1991年
磯田道史著、河田惠昭監修、備前やすのりマンガ『マンガでわかる災害の日本史』池田書店、2021年
京都市産業観光局「観光客の動向等に係る調査(2022年)」(https://www.kyokanko.or.jp/wp/wp-content/uploads/kyoto_tourism_stat_2022.pdf?fbclid=IwAR24vBy7t_lx1FwMRbWJGsDT2DCHJolcoCczcxKA0dMrogpKAY5S9ALoA0I)
みずほ情報総研「日本におけるフェイクニュースの実態等に関する調査研究」(https://www.soumu.go.jp/main_content/000693284.pdf)
馬田隆明著『解像度を上げる　曖昧な思考を明晰にする「深さ・広さ・構造・時間」の4視点と行動法』英治出版、2022年
ジュリア・ガレフ著、児島修訳『マッピング思考　人には見えていないことが見えてくる「メタ論理トレーニング」』東洋経済新報社、2022年
中野孝次著『すらすら読める方丈記』講談社、2012年
『図書館ハンドブック　第6版補訂版』日本図書館協会、2010年
『図書館年鑑2022』日本図書館協会、2022年
『日本の図書館2022 統計と名簿』日本図書館協会、2023年
岡部晋典著『トップランナーの図書館活用術　才能を引き出した情報空間』勉誠出版、2017年
久志冨士男著『新装版ニホンミツバチが日本の農業を救う』高文研、2022年
クレア・プレストン著、倉橋俊介訳『ミツバチと文明　宗教、芸術から科学、政治まで文化を形づくった偉大な昆虫の物語』草思社、2020年

中野信子、鳥山正博著『ブラックマーケティング　賢い人でも、脳は簡単にだまされる』KADOKAWA、2019年
三菱総合研究所著『大学生が狙われる50の危険　リスクに備える最新情報版』青春出版社、2023年

○第2章

CINEMAランキング通信（興行通信社）「歴代ランキング」（https://www.kogyotsushin.com/archives/alltime/）
一般社団法人アニメツーリズム協会監修『アニメツーリズム白書2023』KADOKAWA、2023年
池上彰、佐藤優著『僕らが毎日やっている最強の読み方　新聞・雑誌・ネット・書籍から「知識と教養」を身につける70の極意』東洋経済新報社、2016年
石川陽一著『いじめの聖域　キリスト教学校の闇に挑んだ両親の全記録』文藝春秋、2022年
デモクラシータイムス「メディアの裏切り～共同通信の保身　記者は何を糾弾されたのか【探査報道最前線】」（https://youtube.com/watch?v=RPKRk2AmbW8&si=EqH55y3EiyEY1FN0）
CNN「あなたが知らない「ディープ」なウェブの世界」（https://www.cnn.co.jp/tech/35045702.html）
DVD『スティーブン・キング　ローズ・レッド』ワーナー・ホーム・ビデオ、2001年
就職情報研究会編『就活のやり方［いつ・何を・どう?］ぜんぶ!2025年度版』実務教育出版、2023年
中川功一著『ザックリ経営学』クロスメディア・パブリッシング、2023年

ブレイク・スナイダー著、菊池淳子訳『SAVE THE CATの法則　本当に売れる脚本術』フィルムアート社、2010年
石田章洋著『企画は、ひと言。』日経BP日本経済新聞出版本部、2020年
ジェームス・W・ヤング著、今井茂雄訳『アイデアのつくり方』CCCメディアハウス、1988年
トラベルジャーナルオンライン「まいまい京都の以倉敬之代表が語るマイクロツーリズムとオンラインツアー」(https://www.tjnet.co.jp/)

○第3章

DVD『ポール・スミス　Gentleman Designer』WOWOW、2011年
西剛志著『なぜ、あなたの思っていることはなかなか相手に伝わらないのか?』アスコム、2021年
半藤一利ほか著『司馬遼太郎がゆく』プレジデント社、2001年
名越康文著『精神科医が教える　良質読書』かんき出版、2018年
中田敦彦のYouTube大学「【孫子の兵法①】世界最高の戦略書!」(https://youtu.be/0kq3IGSM3jQ?si=_ngWpAlFf2pqf1ee)

○第4章

樺沢紫苑著『言語化の魔力　言葉にすれば「悩み」は消える』幻冬舎、2022年
樺沢紫苑著『学びを結果に変える アウトプット大全』サンクチュアリ出版、2018年
中野信子著『科学がつきとめた「運のいい人」』サンマーク出版、2019年
川上徹也、小川晶子著『マンガで笑って、言葉の達人!超こども言いかえ図鑑』Gakken、2023年

アイリス・チュウ著『何もない空間が価値を生む　AI時代の哲学』文藝春秋、2022年
大石哲之著『図解コンサル一年目が学ぶこと』ディスカヴァー・トゥエンティワン、2021年
読書猿著『アイデア大全』フォレスト出版、2017年
一般財団法人セブン－イレブン記念財団「自然界に学ぶ最先端の技術 仲津英治さん」(https://www.7midori.org/katsudo/kouhou/kaze_archive/meister/16/index.html)
細谷功著『「具体⇄抽象」トレーニング　思考力が飛躍的にアップする29問』PHP研究所、2020年

○第5章

アンデシュ・ハンセン著、御船由美子訳『運動脳』サンマーク出版、2022年
樺沢紫苑著『学び効率が最大化する　インプット大全』サンクチュアリ出版、2019年
国立国会図書館「図書館利用者の情報行動の傾向及び図書館に関する意識調査　令和2年度」(https://dl.ndl.go.jp/pid/11629162/1/1)
丸山敦著「江戸時代の食生活を書籍に漉き込まれた毛髪の安定同位体比から推定する」『IsotopeNews』761、42 − 43、2019年
クリスチャン・ブッシュ著、土方奈美訳『セレンディピティ　点をつなぐ力』東洋経済新報社、2022年
オードリー・タン語り、クーリエ・ジャポン編集チーム編『自由への手紙』講談社、2020年
Bloomberg「プロンプトエンジニアの需要急増、年俸4500万円の求人も

－ChatGPTブームで」(https://www.bloomberg.co.jp/news/articles/2023-03-31/RSB6Z3T1UM0Y01)
山崎良兵著『天才読書　世界一の富を築いたマスク、ベゾス、ゲイツが選ぶ100冊』日経BP、2022年
ジェシカ・イースト編、鷹取孝訳『イーロン・マスクの生声　本人自らの発言だからこそ見える真実』文響社、2022年
竹内一正著『史上最強のCEO イーロン・マスクの戦い』PHP研究所、2015年
「ビル・ゲイツ氏、京都の図書館に5冊寄贈 「最高の本」世界100ヵ所へ」日本経済新聞(2023年5月20日)、地方経済面
東亜日報「【社説】なぜ、図書館なのか」(https://www.donga.com/jp/article/all/20070911/300617/1)
国立国会図書館カレントアウェアネス「ビル・ゲイツの図書館プロジェクトとその成果」(https://current.ndl.go.jp/e210)
スティーブン・レヴィ著、仲達志、池村千秋訳『グーグル　ネット覇者の真実　追われる立場から追う立場へ』CCCメディアハウス、2011年

著者プロフィール

つのだ 由美こ（つのだ・ゆみこ）

大学図書館司書、研究者（キャリアデザイン）、美術品商。

特定の組織に属さないフリーランスの司書として、これまで京都と大阪の4つの大学を請け負う。関わった分野は生物工学、心理学、スポーツ医学、美術工芸、経営、法学、歴史学、外国語など20学部にもおよぶ。800人以上の教員やたくさんの個性豊かな学生の研究サポートをしてきた。とくに1回生・2回生におこなっている図書館の使い方講座では、大学関係者からとてもわかりやすいと高評価を得ている。

司書のキャリアデザインについて研究しており、近畿地区図書館学科協議会などの学会で講師を務め、大手出版社Webメディアや学術雑誌で記事を執筆している。

◆**装丁**　大場君人

読書《どくしょ》が苦手《にがて》だった司書《ししょ》が教《おし》える
世界一《せかいいち》かんたんな図書館《としょかん》の使《つか》い方《かた》

発行日　2024年　2月　9日　　　第1版第1刷

著　者　つのだ　由美《ゆみ》こ

発行者　斉藤　和邦
発行所　株式会社　秀和システム
〒135-0016
東京都江東区東陽2-4-2　新宮ビル2F
Tel 03-6264-3105（販売）Fax 03-6264-3094
印刷所　三松堂印刷株式会社　　Printed in Japan

ISBN978-4-7980-7095-7 C0000